國際私法
理論與案例研究 ③

林恩瑋 | 著

五南圖書出版公司 印行

序　言

　　本書為「國際私法理論與案例研究」系列作品的第三冊，承蒙五南圖書出版股份有限公司的協助，讓這本小書得以順利問世。

　　本書有許多議題是屬於比較基礎理論性的探討，例如外國法的適用問題、強行法規的衝突，以及涉外契約當事人意思欠缺時之法律適用問題等，個人在能力所及的範圍內，盡可能地就相關問題進行梳理。另外也收錄了比較新的法律適用問題，例如涉外同性婚姻的法律適用與醫美器材跨國著作權侵害案件之國際管轄權問題，這些新興的問題在研究上是與時間賽跑，未來會如何發展尚未可知，但至少在現階段可以留下一點紀錄，讓這時代的法學者意見不至於缺席。

　　知命之年，深覺自己何其有幸，能夠在東海大學這麼美麗的校園裡徜徉，並逐步實現年輕時的夢想。也願讀者開卷有益，如果能夠從中引發大家對國際私法研究的一些興趣，那就是對作者最大的鼓勵了！

林恩瑋

謹序於東海大學法律學院

2021年11月16日

目　錄

序　言

第二部分　法律衝突論

第一章　外國法適用問題之研究：臺灣司法實務判決與比較法上的一些思考

第二章　強行法規的衝突

第三章　我國同性婚姻之法律衝突問題

第一部分

管轄衝突論

|第一章|
應訴管轄規定於涉外案件中的適用問題

壹、前　言

　　我國成文法中關於涉外案件之國際管轄權規定，除個別程序法規以外，幾乏明文[1]。在司法實務上，法官大多以類推適用民事訴訟法上關於土地管轄之規定，作為確認法院是否對系爭案件具有國際管轄權之標準[2]。然而類推適用畢竟只是對於法律無明文直接規定之事項，另擇其關於類似事項之法律規定，以為適用的一種法學方法，對於性質上與內國案件差異甚大的涉外案件，要如何在具體的個案中類推適用土地管轄之規定，以定國際管轄權之有無，甚至於判斷其國際管轄權的效果（例如是否發生

---

[1] 例如家事事件法第53條規定：「婚姻事件有下列各款情形之一者，由中華民國法院審判管轄：一、夫妻之一方為中華民國國民。二、夫妻均非中華民國國民而於中華民國境內有住所或持續一年以上有共同居所。三、夫妻之一方為無國籍人而於中華民國境內有經常居所。四、夫妻之一方於中華民國境內持續一年以上有經常居所。但中華民國法院之裁判顯不為夫或妻所屬國之法律承認者，不在此限。被告在中華民國應訴顯有不便者，不適用前項之規定。」一般均認為此為極少數我國民事程序法關於國際管轄權之成文規定。

[2] 何佳芳，國際裁判管轄之特別情事原則，收錄於賴淳良主編，國際私法裁判選析，元照，2020年增訂三版，頁3以下。

專屬、排他管轄權之效力），在實際操作上仍面臨許多問題，例如合意管轄是否生排他的效果，在我國最高法院的見解認為，除當事人明示或因其他特別情事得認為具有排他，亦即專屬管轄性質者外，通常宜解為僅生該合意所定之管轄法院取得管轄權而已，並不當然具有排他管轄之效力（參照最高法院91年度台抗字第268號民事裁定）而國內學者間則多有不同之見解[3]。

　　一般而言，在國際管轄權的標準方面，可將之區分為兩大部分，其一為法定的國際管轄權標準，又可分為一般／普通的國際管轄權標準〔即以原就被原則，以被告住居所、主營業所或事務所所在地為判斷受訴國家法院有無國際管轄權之標準，相當於普通審判籍之概念。此處之一般的國際管轄權標準，並非我國國際私法學界上傳統所稱之「一般管轄」（compétence générale），而是指國際管轄權的原則性標準〕[4]、特別的國際管轄權標準（即依照案件事實與性質作為判斷受訴國家法院有無國際管轄權之標準，相當於特別審判籍之概念）與專屬國際管轄權標準（例如不動產專屬不動產所在地法院管轄）等；其二為意定的國際管轄權標準，又可分為明示的合意國際管轄權標準與擬制的合意國際管轄權（即應訴管轄）標準。在處理涉外民事案件的國際管轄權問題時，內國法官均可比附援引內國民事訴訟法關於上開管轄權標準分類之規定，作為判斷系爭涉外民事案件國際管轄權

---

[3] 相關文章，可參考吳光平，國際合意管轄之效果—從最高法院101年度台抗字第259號裁定談起，月旦法學雜誌，第220期，2013年8月，頁289-300；黃國昌，國際訴訟之合意管轄，政大法學評論，第90期，2006年4月，頁301-354。

[4] 相關名詞的使用及辨正，參考林恩瑋，國際私法理論與案例研究（1），五南，2016年，頁12以下。

爭議之參考，而顧慮到涉外民事案件的特殊性質，一般學理上均同意應適當地賦予法官在國際管轄權判斷上一定的裁量權[5]，作爲調整與避免機械性適用土地管轄標準時所可能帶來不合理結論的一種法律工具。

　　在意定的國際管轄權標準方面，我國學界與實務界對於明示的合意國際管轄權標準相關之論述與判決已有許多，茲不深論[6]。相對地，在擬制的合意國際管轄權標準之問題討論上，相對較爲欠缺。本文之撰寫目標，主要希望能夠補足這方面的國內研究資料；同時，本文亦觀察到新近最高法院做成之108年度台抗字第171號民事裁定，對於應訴管轄在國際管轄權類推適用的問題上，多有著墨，因此以下即以本號裁定爲中心，進一步評論我國民事訴訟法上之應訴管轄規定於涉外案件中的適用問題，期能拋磚引玉，激發更多的討論。

---

[5] 例如不便利法庭原則的適用，參考許兆慶，國際私法上「不便利法庭」原則之最新發展，以美國聯邦最高法院Sinochem International Co., Ltd. v. Malaysia International Shipping Corporation案爲中心，中華國際法與超國界法評論，第4卷第2期，2008年12月，頁525-557。

[6] 專書部分，可參考陳隆修，2005年海牙法院選擇公約評析，五南，2009年。期刊論文，可參考吳光平，同前註3；許耀明，2005年海牙合意管轄公約述評，玄奘法律學報，第10期，2008年12月，頁37-73；許兆慶，國際私法上之合意管轄—以最高法院91年台抗字第268號裁定之事實爲中心，中華國際法與超國界法評論，第3卷第2期，2007年12月，頁259-293；陳啓垂，國際管轄權的合意—評最高法院92年度台上字第2477號民事判決，月旦法學雜誌，第131期，2006年4月，頁151-165。

貳、案件背景

本案原告為一家註冊在賽席爾（Seychelles），名為富康股份有限公司（Full Kang Co., Ltd.，為依賽席爾法律設立，並在賽席爾註冊登記，但未經我國認許之外國法人，下稱「富康公司」）之股東，原告同時也擔任富康公司的董事。原告以富康公司為被告，起訴主張富康公司之一名股東於民國107年1月9日以書面請求富康公司董事會召開股東會，而在董事會尚未決定是否召開之情況下，同日就記載任命新任董事，以及董事會主席辭職等語之股東書面決議，並稱有表決權過半數之股東於書面決議上簽名，惟此一股東書面決議違反賽席爾國際商業公司法之規定，應為無效，因此富康公司之新任董事隨後於107年2月8日召開之董事會決議亦為無效，並聲明：確認系爭董事會決議無效。

以下整理本案歷審判決狀況：

一、第一審臺灣臺北地方法院做成107年度訴字第1526號民事裁定，駁回原告之訴。其理由略為：

(一)本案為涉外案件，就國際管轄權（審判權）部分應類推適用民事訴訟法管轄規定：本案被告為賽席爾外國法人且未經我國認許，有涉外因素而屬涉外民事法律事件，應由法院地法確認我國有無審判權，並類推適用我國民事訴訟法管轄規定確認本件訴訟有無管轄權。

(二)適用以原就被原則，我國法院無國際管轄權：被告係依賽席爾公司法設立登記，註冊地址為1st Floor, #5 DE KK House, De Zippora Street, Providence Industrial Estate, Mahe,

Republic of Seychelles，依民事訴訟法第2條第2項以原就被原則之規定，僅係其主事務所或主營業所所在地法院即賽席爾之法院始得管轄。況被告既未經我國認許，依公司法規定自不得在我國境內營業，難認有何主事務所或主營業所所在地位於本院轄區之情事；參諸原告提出之系爭董事會議紀錄，亦記載系爭董事會係在「賽席爾共和國馬埃島卡斯柯德區布瓦隆海灘薩沃伊水廳渡假酒店」召開。

(三) 本案無其他足認我國法院具有國際管轄權之因素，依以原就被原則，應由賽席爾法院管轄：本件既係「確認系爭董事會決議無效之訴」，非財產權或業務涉訟事件，與他人無涉，法人有其獨立人格，不因董事、股東國籍而異，果依原告主張者，豈非法人只須有一外國股東或董事者，他人即得任在該外國對該法人提起訴訟？經本院遍查現有卷內資料，既無其餘足認我國法院有何具國際管轄權之因素，本件訴訟自應由被告主事務所或主營業所所在地之賽席爾法院管轄。是以，本件訴訟不能依民事訴訟法第28條裁定移送至我國其他法院，臺北地方法院爰依上開規定，裁定駁回原告之訴。

二、第一審原告不服，提起抗告，其抗告意旨略為：「原法院未先徵詢相對人之意見，俟其表明是否為管轄權之抗辯，即逕行駁回抗告人之訴，違反民事訴訟法第25條規定，顯有適用法規錯誤及未盡調查之違法，原裁定應予廢棄」第二審臺灣高等法院因此做成107年度抗字第945號民事裁定，駁回抗告，理由略為：

(一) 重申國際管轄權在概念上之層次：按民事事件涉及外國人或外國地者，為涉外民事事件，內國法院應先確定有國際管轄

權，即審理管轄權，始得受理，故國際管轄權與國內裁判管
轄權，乃不同層次之問題。原則上，就涉外民事事件應先決
定由何國法院管轄後，始依該國之民事訴訟法規定，決定應
由該國之何一法院管轄。倘內國法院就該涉外民事事件並無
國際管轄權，自無再適用該國民事訴訟法進行訴訟程序或為
調查之餘地。

(二) 我國法院既無國際管轄權，亦無再徵詢相對人是否為管轄權
抗辯之必要：經查相對人既為外國法人，而抗告人在法院所
提事證，並無法確定我國法院對相對人公司有國際管轄權，
業經原法院論斷綦詳，本院意見與之相同，予以援用。且
系爭訴訟標的之系爭董事會決議係在賽席爾境內召開董事會
做成，益見我國法院無審理確認系爭董事會決議無效事件之
管轄因素，依上開說明，原法院就抗告人與相對人間系爭訴
訟，並無審理管轄權，亦無再斟酌我國民事訴訟法第25條規
定，徵詢相對人是否為管轄權抗辯之必要。綜上，原法院裁
定駁回抗告人之訴，於法並無不合。抗告意旨指摘原裁定不
當，聲明廢棄，為無理由，應予駁回。

參、最高法院裁定

抗告人不服，因此向最高法院提出再抗告，經最高法院做成
108年度台抗字第171號民事裁定，內容如下：
一、主文：原裁定廢棄，應由臺灣高等法院更為裁定。
二、最高法院認為：

(一)當事人能力方面：查本件相對人固為未經我國認許其成立之外國法人，雖不能認其為法人，然仍不失為非法人之團體，而得為訴訟當事人。

(二)國際管轄權方面，整理其意見如下：

  1. 國際管轄權得類推適用國內法之相關規定：按關於涉外事件之國際管轄權誰屬，涉外民事法律適用法固未明文規定，惟受訴法院尚非不得就具體情事，類推適用國內法之相關規定，以定其訴訟之管轄。次按對於外國法人或其他得為訴訟當事人之團體之訴訟，由其在中華民國之主事務所或主營業所所在地之法院管轄。民事訴訟法第2條第3項定有明文。

  2. 我國似為相對人之主營業所所在地，應再予調查：觀諸再抗告人所提出，訴外人即相對人股東陳建福等人107年1月9日請求相對人董事會召開股東會之書面資料，首頁左上角即記載「董事會台北市○○區○○○○○路○○段○○號8樓」，而再抗告人之抗告狀繕本經臺北地院寄送南京東路址向相對人送達，係由相對人之法定代理人陳生貴本人親收，原裁定經寄送南京東路址向相對人送達，亦係由署名徐同維之人以相對人受僱人身分簽收，送達證書上並蓋有相對人名義之印文，則再抗告人主張南京東路址為相對人公司營運決策所在地，是否全不足採？我國是否就本件訴訟全無管轄因素？尚非無調查審認之必要。

  3. 涉外民事訴訟應優先考慮被告程序權之保障：民事訴訟之功能，在於提供當事人迅速、穩定之爭端處理機制以實現當事人在實體法上之私權，國際民事訴訟亦然。而原告開

啓涉外民事訴訟程序，除該事件爲專屬管轄事件外，法庭
地法院應優先考慮被告程序權之保障。

4. 民事訴訟法第25條應訴管轄不宜遽排斥適用：基於上述訴
訟經濟、被告程序權之保障與原告實體法上私權保護綜合
考量，原告所提起之涉外事件，倘非與法庭地顯無相當之
連繫因素，復並無輕率起訴、隨意選擇法庭或不符公眾利
益之情形，且被告不抗辯法庭地法院無管轄權，並爲本案
之言詞辯論，被告對於在法庭地法院進行訴訟，並無防禦
上之不便或困難，其程序權得獲相當之保障，法庭地之法
院不宜遽排斥民事訴訟法第25條應訴管轄規定之適用，以
兼顧個案具體妥當性之確保，此際，將訴訟相關文書送達
被告，俾被告得選擇是否應訴，始得謂當。

5. 本案有無應訴管轄之規定適用，應予研求：本件參酌上開
書面資料記載及送達情形，併相對人法定代理人陳生貴戶
籍地在臺北市（見一審卷第334頁），考量相對人法定代
理人設籍我國，在我國應訴，似非無其便利性，則本件訴
訟有無使相對人得藉應訴管轄，於我國就近應訴之機會？
非無進一步研求之餘地。

肆、裁定評釋

以下謹就歷審及最高法院裁定，分別評釋如下：

一、類推適用第2條第2項或是第2條第3項？

在下級審裁定中，大致上法院均認為國際管轄權為國內裁判管轄權之優先確定事項，亦即我國法院得類推適用我國民事訴訟法上關於土地管轄之規定，於本案中，即民事訴訟法第2條第2項「對於私法人或其他得為訴訟當事人之團體之訴訟，由其主事務所或主營業所所在地之法院管轄」之規定，據以認定我國法院是否有國際管轄權。

此一觀點基本上亦為最高法院所肯定，不過其見解與第一、二審法院仍略有不同。後者認為應類推適用民事訴訟法第2條第2項之規定，因認富康公司主事務所或主營業所所在地係設於賽席爾，且「富康公司未經我國認許，依公司法規定自不得在我國境內營業，難認有何主事務所或主營業所所在地位於本院轄區之情事」，因此判斷我國法院無國際管轄權。前者則是考慮，本案除富康公司外，相關之當事人包括董事及股東均為中華民國籍人，是以下級審法院應再調查審認我國是否為富康公司之主營業所所在地（營運決策所在地），如為肯定，對於外國法人之訴訟，應類推適用民事訴訟法第2條第3項之規定：「對於外國法人或其他得為訴訟當事人之團體之訴訟，由其在中華民國之主事務所或主營業所所在地之法院管轄。」以此認定我國法院對本案具有國際管轄權。

　　細譯民事訴訟法第2條第2項與第3項之區別，主要在於第2項僅抽象規範「對於私法人或其他得為訴訟當事人之團體之訴訟，由其主事務所或主營業所所在地之法院管轄」，至於具體的主事務所或主營業所所在地究竟位處內國還是外國在所不問，尚須視具體個案的情況而定；而第3項之規範「對於外國法人或其他得為訴訟當事人之團體之訴訟，由其在中華民國之主事務所或主營業所所在地之法院管轄」則相對具體許多，此處「外國法人」當指不具中華民國籍之法人者而言，因此類推適用第2條第3項之結果，僅需外國法人在中華民國境內有主事務所或主營業所所在地，即認中華民國法院具有國際管轄權。

　　由於對於內國法院而言，國際管轄權乃指國家法院對於系爭涉外案件是否具有裁判之權限（本案第一審臺北地方法院裁定稱「審判權」，第二審高等法院稱「審理管轄權」），因此在國際管轄權的問題上，特別是直接的一般管轄問題，原則上並不討論外國法院對於系爭涉外案件有無國際管轄權（事實上外國法院也不受內國法院在國際管轄權判斷之拘束），僅討論內國法院受理系爭涉外案件是否符合內國之國際管轄權標準（無論是成文的，或是解釋上的）[7]。從此一觀點來說，第一審臺北地方法院類推適用民事訴訟法第2條第2項，認「本件訴訟自應由被告主事務所或主營業所所在地之賽席爾法院管轄」在論述上是不具意義的，而最高法院類推適用民事訴訟法第2條第3項，諭知原審法院應調查審認是否我國就本件訴訟具有管轄因素，應較符合國

---

[7]　林恩瑋，直接管轄與國際裁判管轄權之法典化問題，文章收錄於國際私法理論與案例研究（1），五南，2016年，頁3以下。

際管轄權問題上的判斷要點。易言之，在法律已有明文的情形下，於本案中所應類推適用者，應爲民事訴訟法第2條第3項之規定，至於民事訴訟法第2條第2項，於被告爲外國法人時，似不宜類推適用，引爲判斷我國法院有無國際管轄權之標準。

二、國際管轄權原則的抽象標準

　　本案中另一個重要的問題爲，民事訴訟法第25條：「被告不抗辯法院無管轄權，而爲本案之言詞辯論者，以其法院爲有管轄權之法院。」之應訴管轄規定，在國際管轄權的標準判斷上有無類推適用之可能？此一問題係在抗告程序中由抗告人（即本案原告）提出，主張原裁定法院未先徵詢相對人之意見，俟其表明是否爲管轄權之抗辯，即逕行駁回抗告人之訴，違反民事訴訟法第25條規定，顯有適用法規錯誤及未盡調查之違法。而經臺灣高等法院以因我國法院無國際管轄權，故無再斟酌我國民事訴訟法第25條規定，徵詢相對人是否爲管轄權抗辯之必要，輕描淡寫地迴避了抗告人提出之問題。

　　最高法院則是注意到了這個問題，基本的立場是認爲在國際管轄權的場合，我國法院可以類推適用民事訴訟法第25條之應訴管轄規定，並且進一步闡述國際管轄權之標準，可從三方面說明：

(一)訴訟程序方面：在我國進行訴訟，需非顯無相當之連繫因素，並且應符合訴訟經濟、被告程序權之保障與原告實體法上私權保護之原則。

(二)原告方面：非輕率起訴、隨意選擇法庭或有不符公衆利益之

情形。

(三) 被告方面：被告不抗辯法庭地法院無管轄權，並爲本案之言詞辯論；被告對於在法庭地法院進行訴訟，並無防禦上之不便或困難。

最高法院裁定中所謂「倘非與法庭地顯無相當之連繫因素」，似可認爲係受美國法院的「最小限度關聯」（minimum contacts）原則的影響，而以另一種間接表述的方式說明國際管轄權的判斷上至少需要系爭案件存在與法庭地相當之管轄連繫因素[8]。但究竟何謂「相當之連繫因素」，最高法院並沒有具體的說明，從某方面來說，這相當於賦予我國法官在判斷我國法院是否具有國際管轄權上的一項裁量權力，當然，這也意味著這種裁量權的判斷範圍將會不斷受到挑戰，存在一定程度的不穩定性。

從原告方面判斷內國法院是否適合管轄系爭案件，最高法院提出的原則爲原告並非輕率起訴、隨意選擇法庭或有不符公衆利益之情形。輕率起訴之具體內涵爲何，較不得而知，因爲通常原告選擇在某國進行訴訟程序，均經過相當的計算與考慮，輕率起訴的情形應該不多，相對於原告之輕率起訴，如採英國法院傳統上的困擾（vexation）或壓迫（oppression）原則，亦即當事人一方若繼續進行訴訟將對他方當事人造成困擾及壓迫，或有濫用訴訟程序時，內國法院可考慮拒絕行使其國際管轄權者，則相較

---

[8] 有關最小限度關聯原則之介紹，參考李瑞生，美國短暫過境管轄權之研究—以聯邦最高法院案例爲中心，文章收錄於陳隆修、許兆慶、林恩瑋、李瑞生共著，國際私法：管轄與選法理論之交錯，五南，2009年，頁16以下；陳隆修，中國思想下的全球化管轄規則，五南，2013年，頁159以下。

於原告輕率起訴之事實要來得容易確認[9]。

　　而起訴「不符合公眾利益」，顯然應該是指內國（即法庭地國）之公眾利益，而非外國之公眾利益。然而，公眾利益概念十分抽象，具體的內涵與外延均不清楚，如何在個案中判斷原告起訴不符合公眾利益，進而認定內國法院對於系爭案件無國際管轄權，本文預料法院在操作此一概念上將可能遭遇許多困難。此外，原告起訴是否為「隨意選擇法庭」，最高法院認為此亦屬於國際管轄權應綜合考量事項之一，這應該是最高法院首次表達對於選購法院（forum shopping）問題之看法，本文原則上認同此一見解，並認為應該進一步探求隨意選擇法庭／選購法院的具體內涵為何：如果原告選購法院將造成訴訟當事人間程序上不平等之現象，我國法院應以原告惡意選購法院為由，拒絕管轄系爭訴訟案件[10]。

三、涉外案件之應訴管轄應如何理解？

　　最高法院認為「被告不抗辯法庭地法院無管轄權，並為本案之言詞辯論」可作為國際管轄權綜合考量事項之一，亦即有類推適用民事訴訟法第25條應訴管轄規定之可能。一般而言，被告如自願出現於法院，除非為「特別出庭」（special appearance），亦即被告出庭之目的只為抗辯法院之無管轄權，而不做任何實體的抗辯，亦不要求法院給予救濟，否則被告自

[9]　陳隆修，國際私法管轄權評論，五南，1986年，頁84以下。
[10]　林恩瑋，國際私法上選購法院問題之研究，收錄於國際私法理論與案例研究（2），五南，2017年，頁125以下。

願出席於訴訟程序中，即便未親自出庭，只是透過訴訟代理人（如律師）出庭，通常均會讓法院對案件取得管轄權[11]，此在英美法系稱之為服從性原則（voluntary submission）[12]。並且英美法院大多認為此時法院僅對於被告所出庭訴訟之訴因有管轄權，如原告後來又提起其他訴之請求，增加新的訴因時，則不在此管轄權之範圍，亦不得解釋為被告有接受新訴因管轄之合意。但如原告僅是修改請求，不構成新的訴因時，因被告對該訴因已出庭，故法院對於修改請求之部分仍有管轄權[13]。惟關於此一問題，在我國法院似尚無相關之案例可資參考，解釋上英美法之訴因與我國民事訴訟司法實務上採行權利保護請求權說之訴訟標的概念未必相同，但本文認為，基於被告（除反訴被告外）程序權保障之考慮，似亦應採與英美法院同一之解釋方向[14]。

因此，在涉外產品責任案件中，外國人在國外因使用我國廠商製作之產品而受傷，原告（外國受害者）先於我國法院對我國廠商提起侵權行為訴訟，我國廠商應訴後，因考慮時效問題，原告於訴訟中將權利主張變更為依契約責任（加害給付）請求我國廠商賠償損害，此時似宜認為原告僅是修改其攻擊防禦之請求主張，因被告對該同一基礎原因事實之案件已出庭，故法院對於修改請求之部分（加害給付之主張）仍有國際管轄權。

---

[11] 陳隆修，同前註9，頁114以下。

[12] 劉鐵錚、陳榮傳，國際私法論，三民，2018年修訂六版，頁625以下。

[13] 陳隆修，同前註9。另參考劉鐵錚，國際私法論叢，三民，1991年二版，頁262以下亦同此見解。

[14] 反訴之被告，為本訴之原告，其原本起訴即具有接受法院管轄之意，因此在此情形所考慮之國際管轄權與被告程序權保障問題，與本訴之被告有所差異。易言之，反訴之被告與反訴之原告間應認具有默示管轄之合意，似無疑問。

在大陸法系的法國，應訴管轄被稱爲管轄的延長
（prorogation de compétence），或默示的管轄延長
（prorogation tacite de compétence）同樣也適用在涉外民事訴訟
的場合。比較法制上，例如比利時國際私法典第6條規定：「除
本法另有規定外，比利時法官對於出庭的被告有權對審理其提
出的申訴，除非被告出庭的主要目的是爲了抗辯管轄權[15]。」瑞
士1987年聯邦國際私法第6條亦規定：「在財產案件方面，除非
法院在本法第5條第3項規定的範圍內拒絕管轄，被告在不作保
留的情況下根據案情進行訴訟的法院具有管轄權[16]。」同樣的規
定亦見諸於歐盟第44/2001號關於民事和商業事件中的管轄權和
判決的承認與執行規則（Council Regulation (EC) No. 44/2001
of 22 December 2000 on jurisdiction and the recognition and
enforcement of judgments in civil and commercial matters）第24
條：「除本規則之其他規定所賦予的管轄權外，被告出庭之成員
國法院應具有管轄權。在爲抗辯管轄權而出庭或根據第22條另
一法院具有專屬管轄權的情況下，上開規則不適用[17]。」

---

[15] 原文爲：「Hormis les cas où la présente loi en dispose autrement, le juge belge
devant lequel le défendeur comparaît est compétent pour connaître de la demande
formée contre lui, sauf si la comparution a pour objet principal de contester la compé-
tence.」

[16] 原文爲：「En matière patrimoniale, le tribunal devant lequel le défendeur procède
au fond sans faire de réserve est compétent, à moins qu'il ne décline sa compétence
dans la mesure où l'art. 5, al. 3, le lui permet.」

[17] 英文版本爲：「Apart from jurisdiction derived from other provisions of this Regu-
lation, a court of a Member State before which a defendant enters an appearance shall
have jurisdiction. This rule shall not apply where appearance was entered to contest
the jurisdiction, or where another court has exclusive jurisdiction by virtue of Article
22.」即原1968年布魯塞爾管轄及執行民商事判決公約第18條規定。

　　而何謂管轄之抗辯？其內涵亦值得討論。當被告直接提出法院無國際管轄權之論據與說明時，固為管轄之抗辯，如被告係主張系爭涉外案件應適用民事訴訟法第182條之2先繫屬優先（litispendence）之規定，認為法院應停止訴訟程序時，是否也得認定為管轄之抗辯？本文認為，此時被告並非直接挑戰法院之國際管轄權，僅是主張為防止平行訴訟，而應依上開法律規定停止訴訟程序，故本質上仍非為管轄之抗辯，故內國法院仍不得以此認為被告已提出管轄抗辯，而拒絕類推適用民事訴訟法第25條應訴管轄規定之可能[18]。另外，在被告提出抵銷或是時效抗辯時，應當認為非為管轄之抗辯，而屬於實體性質的（本案的）抗辯，基於訴訟經濟及紛爭一次性解決的考慮，仍應認法院得應被告之出席因未為管轄抗辯，而有類推適用民事訴訟法第25條應訴管轄規定之可能[19]。

　　另一值得探討之問題為，如被告消極的不為管轄抗辯，而出席法庭時，法官得否逕依職權宣告我國法院無國際管轄權，而無須徵詢被告意見？從管轄權為法院依職權認定之事項角度來看，我國法院對於系爭涉外案件有無國際管轄權之認定，不受訴訟當事人主張之拘束，得依法以職權宣告法院對系爭涉外案件有無國際管轄權。然而，當被告出席法庭時，並沒有任何程序行為，也未表達程序上的意見，甚或是單純的沉默時，我國法院有無主動「徵詢相對人之意見，俟其表明是否為管轄權之抗辯」之義務，待確認被告無進行管轄權之抗辯時（確定無法類推適用

---

[18] 相同見解，參考Dicey and Morris, The Conflict of Laws, 13th ed., 2001, p. 282。

[19] 類似意見，參考Cheshire and North's, Private International Law, 13th ed., 2004, p. 246。

民事訴訟法第25條之規定），再爲准駁原告之訴之裁定？

　　就此一問題，第二審臺灣高等法院僅表達：「原法院就抗告人與相對人間系爭訴訟，並無審理管轄權，亦無再斟酌我國民事訴訟法第25條規定，徵詢相對人是否爲管轄權抗辯之必要。」但究竟爲何沒有斟酌之必要？法院並未說明理由。最高法院則是羅列了負面條件（我國法院無國際管轄權之情形），當所例示的負面條件不存在時，在「兼顧個案具體妥當性之確保」的考慮下，應當可以類推適用民事訴訟法第25條應訴管轄之規定。然而這裡有一個邏輯上的問題：**如果不存在國際管轄權之負面條件，亦即認為我國法院對系爭案件具有國際管轄權之條件存在時，又何須類推適用民事訴訟法第25條應訴管轄之規定**[20]？

　　從另一方面來看，此一問題亦可理解爲，我國法院是否可以僅憑被告出庭且未爲管轄之抗辯此一事實，逕認我國法院對系爭涉外案件具有國際管轄權？在被告事實上未爲任何管轄之抗辯之情形下，即使系爭案件可能在國際管轄權連繫因素上非常薄弱，甚或沒有其他國際管轄權連繫因素存在時（連最小限度關聯都不構成），無論被告是有意或無意的疏忽其「可以」提出管轄抗辯，僅因被告出庭，且未爲管轄抗辯，一律都讓受訴法院取得國際管轄權，是否完全合理？從這個角度來說，類推適用民事訴訟法第25條應訴管轄之規定不免有點像在「制裁」被告程序上疏忽提出管轄抗辯的味道了[21]。

---

[20] 本案後續之臺灣高等法院108年度抗更一字第21號民事裁定，即認爲：「抗告人主張南京東路址爲相對人營運決策所在地，其在中華民國有主營業所等語，洵屬有據，揆之前揭說明，我國法院自有管轄權。」而未再討論應訴管轄之問題。

[21] 類似見解，Y. Loussouarn, P. Bourel et P. de Vareilles-Sommières, Droit International Privé, Précis Dalloz, 9e éd., 2007, p. 678。

　　本文認為，考慮到涉外訴訟的高成本與訴訟環境高差異性等特質，並參酌比較法上之立法與實務運作，應訴管轄之規定似較宜作為法院判斷國際管轄權之輔助性標準，而不宜毫無保留類推適用。易言之，即使符合應訴管轄之要件，法官仍應審酌系爭涉外案件是否仍有其他國際管轄權連繫因素之存在，特別是有無專屬管轄之管轄權連繫因素的存在，而不宜僅憑被告出庭且未為管轄之抗辯此一事實，遽認我國法院對系爭涉外案件具有國際管轄權。從此一觀點而論，如被告消極的不為管轄抗辯，而出席法庭時，法官確認並無其他國際管轄權連繫因素存在後，應得逕依職權宣告我國法院對事件無國際管轄權，而無須徵詢被告意見。

　　最後回到本案，尚有疑問的是，即使類推適用民事訴訟法第25條之規定，認為當事人符合應訴管轄之要件，而使得我國法院取得本案之國際管轄權，但因為本案所審理之事件，為一外國公司在外國做成之董事會決議是否有效之問題，因此即使我國法院受理本案，最終判決結果恐仍須在外國執行（例如必須就董事會決議之內容進行變更登記）。如此，我國法院受理本案是否仍具有實益，實值懷疑（附帶一提者，我國立法上對於何種類型的涉外民事事件屬於我國法院專屬國際管轄權事件，目前尚乏明文，實務的意見似乎也不甚明確，實值有識之士繼續共同研究之）。對於此類公司組織或登記的訴訟，外國立法例中有將之列為國際專屬管轄權之範疇，而認此類型事件不適用應訴管轄者，其見解頗值參考[22]。

---

[22] 例如日本會社法第835條規定：「会社の組織に関する訴えは、被告となる会社の本店の所在地を管轄する地方裁判所の管轄に専属する。」對於公司組織事件的訴訟，設有專屬管轄之規定，又日本民事訴訟法第3條之5亦規定：「会

參考文獻

一、中文部分

吳光平，國際合意管轄之效果－從最高法院101年度台抗字第259號
　　裁定談起，月旦法學雜誌，第220期，2013年8月。

林恩瑋，國際私法理論與案例研究（1），五南，2016年。

林恩瑋，國際私法理論與案例研究（2），五南，2017年。

許兆慶，國際私法上「不便利法庭」原則之最新發展，以美國聯邦最
　　高法院Sinochem International Co., Ltd. v. Malaysia International
　　Shipping Corporation案為中心，中華國際法與超國界法評論，
　　第4卷第2期，2008年12月。

許兆慶，國際私法上之合意管轄—以最高法院91年台抗字第268號裁
　　定之事實為中心，中華國際法與超國界法評論，第3卷第2期，
　　2007年12月。

許耀明，2005年海牙合意管轄公約述評，玄奘法律學報，第10期，
　　2008年12月。

陳啓垂，國際管轄權的合意—評最高法院92年度台上字第2477號民
　　事判決，月旦法學雜誌，第131期，2006年4月。

社法第七編第二章に規定する訴え（同章第四節及び第六節に規定するものを
除く）、一般社団法人及び一般財団法人に関する法律（平成十八年法律第
四十八号）第六章第二節に規定する訴えその他これらの法令以外の日本の法
令により設立された社団又は財団に関する訴えでこれらに準ずるものの管轄
権は、日本の裁判所に専属する。」中文譯為：「公司法第七編第二章所定訴
訟（同章第四節及第六節所定事項，除外），有關一般社團法人及一般財團法
人之法（平成18年法律第48號）第六章第二節所定訴訟，或其他基於上述法令
以外之日本法律所設立之社團或財團，因此類事項而涉訟者，該訴訟專屬於日
本法院管轄。」顯見為實效考慮，此類型訴訟不適用應訴管轄。

陳隆修，2005年海牙法院選擇公約評析，五南，2009年。

陳隆修，中國思想下的全球化管轄規則，五南，2013年。

陳隆修，國際私法管轄權評論，五南，1986年。

陳隆修、許兆慶、林恩瑋、李瑞生共著，國際私法：管轄與選法理論之交錯，五南，2009年。

黃國昌，國際訴訟之合意管轄，政大法學評論，第90期，2006年4月。

劉鐵錚，國際私法論叢，三民，1991年二版。

劉鐵錚、陳榮傳，國際私法論，三民，2018年修訂六版。

賴淳良主編，國際私法裁判選析，元照，2020年增訂三版。

二、外文部分

Cheshire and North's, Private International Law, 13th ed., 2004.

Dicey and Morris, The Conflict of Laws, 13th ed., 2001.

Y. Loussouarn, P. Bourel et P. de Vareilles-Sommières, Droit International Privé, Précis Dalloz, 9e éd., 2007.

|第二章|
醫美器材跨國著作權侵害案件之國際管轄權問題

壹、前　言

據新聞報導，「醫學美容」已經成為僅次於航空以及汽車的全球第三大產業。過去十餘年全球醫美產業每年平均年複合成長達10.9%；而亞洲地區的成長幅度又高於全球平均，估計年複合成長率達13%～15%[1]。在如此激烈競爭的環境中，美容醫學的進步與發展，往往與其技術、生技材料與器材的進步密不可分。

目前臺灣的醫美器材多賴進口，但亦有國內公司努力開發本土之醫美器材。根據資誠會計師事務所的一項報告指出[2]，2011年，臺灣醫療器材業總值估計約美金17億元，主要成長動力為來自美國、中國的需求，以及臺灣政府的支持。臺灣醫療器材業者約有500餘家，多數為中小型企業，生產中低階醫療器材。大約90%的業者係以製造為主，包括為跨國業者代工生產。然而，

---

[1]　參考東森新聞：真的全球瘋「變臉」！調查：一年超過1500萬人整形，http://www.ettoday.net/news/20160125/635759.htm，2021年7月7日。

[2]　參考網址：https://www.pwc.tw/zh/industries/publications/assets/healthcare-zh.pdf，2021年7月7日。

如果要擴展美容醫學的市場版圖，光固守臺灣的醫美市場，是遠遠不足的。自行研發設計製造並輸出醫美器材，將可達到拓展醫美產業市場版圖的目的。經濟部國貿局的「布局新興市場：灑錢愛美不手軟！越南白領階級醫學美容面面觀」手冊即提及「越南醫療器材市場逾2011年達5.99億美元，預估至2016年可年成長至12.14億美元，年複合成長率高達15.26%，當地廠商能量有限，缺乏先進的製造技術，僅能生產基本醫療器材如注射器、病床或醫用耗材等為主，因此整體醫療器材市場極度仰賴進口，進口比重達90.7%[3]。」因此，醫美器材的法律面問題，將不僅侷限於臺灣市場的內國法律問題，更將連結至國外市場的法律，而形成國際私法上的法律問題。

　　關於醫美器材所可能引發的法律爭議，大致上可包括器材的瑕疵造成之損害賠償問題、器材的進出口是否受國家法律管制之問題，以及器材的設計與製造在智慧財產權方面（包括專利權、商標權、關鍵技術及著作權等）所可能產生之侵權問題等。特別是後者，對於醫美器材的市場爭奪往往有著決定性的影響。有鑑於此，本文擬以智慧財產法院100年度民著訴字第53號民事裁定為例，分析說明醫美器材所可能遭遇之跨國著作權侵害問題，以期從中思考類似案件之訴訟策略布局，供相關企業法律風險控制之參考。

---

[3] 參考網址：file:///C:/Users/User/Pictures/8c71ed9b-c9cf-43b6-a7ca-fce184987034.pdf，2021年7月7日。

貳、裁定要旨

一、案件背景

　　原告臺灣A公司對被告美國B公司在臺灣起訴，主張B先與A簽訂有專屬授權銷售合約，由B公司取得北美地區的專屬銷售權後，利用A公司的信任又取得A公司相關著作，利用其人脈及相關資源，並且未經A公司之同意，自行利用A公司之著作（電療機）製造並銷售至美國及加拿大等地。

　　原告A公司主張：「被告所仿製之電療機與原告所生產之電療機外觀上並無二致，易使消費者產生混淆，若被告之品質管理未如原告之標準，如造成消費糾紛，對原告之商譽將造成無可回復之損害，爲避免該損害發生，應禁止被告再行使用、製造、展示、銷售、出口原告所有著作物或其衍生物等行爲。被告迄今仍利用原告之著作，一邊請求原告依上開合約履行，而一邊卻利用原告之著作於大陸生產外型相同、功能相同、價格相對低廉之電療機，並企圖利用法領域之不同，牟取不法利益，致原告受有損害，爲避免原告之損害繼續擴大，應即刻要求被告將原告所有著作物或其衍生物不得再行使用、製造、展示、銷售及出口等行爲，以保障智慧財權人之權利。」

二、爭議點

　　本案原告A公司所稱之著作物仿製品販賣之地點爲美國、加拿大及中國大陸，並不涉及臺灣。因此本案所涉及之爭點爲，臺

灣法院究竟對系爭案件有無國際管轄權？

三、兩造主張

　　原告主張，臺灣法院對於本案有國際管轄權，理由有三：

(一) 依涉外民事法律適用法第42條規定，智慧財產之爭議，應以智慧財產之產生地國法為準據法。智慧財產權，在國內應以登記為成立要件者，如專利權及商標專用權等，或不以登記為成立要件者，如著作權及營業秘密者，均係因法律規定而發生之權利，其於各國領域內所受之保護，原則上亦應依各該國之法律為準。以智慧財產為標的之權利，其成立及效力應依權利主張者認其權利應受保護之地之法律，俾使智慧財產權之種類、內容、存續期間、取得、喪失及變更等，均依同法律決定。該法律係主張權利者之主張而定，並不當然為法院所在國之法律，即當事人主張其依某國法有應受保護之智慧財產權者，即應依該國法律確其是否有該權利（民國99年5月26日涉外民事法律適用法第42條增訂理由）。依（原）智慧財產法院組織法第3條第1項之規定，原告所有之著作權之取得，係依我國之著作權法而產生，依上開涉外民事法律適用法第42條之規定，原告應依我國之著作權法及相關法律規定，對被告主張相關權利。依上開智慧財產法院組織法之規定，就我國智慧財產事件，（原）智慧財產法院依法有第一審及第二審之管轄權，原告得依法向智慧財產法院提出本事件告訴，本事件亦因原告訴之提起而繫屬於智慧財產法院，智慧財產法院對本事件即有管轄權而可審理。故我

國智慧財產法院就本事件具有審判權，並應依我國之法律規
定審理之。

(二) 依北美事務協調委員會與美國在臺協會著作權保護協定第4
條第3項之規定，原告於我國境內（即締約各方領域內）對
被告提起侵權行為損害賠償之訴，亦合於上開北美事務協調
委員會與美國在臺協會著作權保護協定之規定，我國法院依
該協定亦就本事件有審判權。

(三) 中華民國憲法第4條：「中華民國領土，依其固有之疆域，
非經國民大會之決議，不得變更之。」而國民大會亦未曾為
變更領土之決議。又中華民國憲法增修條文第11條復規定：
「自由地區與大陸地區間人民權利義務關係及其他事務之處
理，得以法律為特別之規定。」且臺灣地區與大陸地區人民
關係條例第2條第2款更指明：「大陸地區：指臺灣地區以外
之中華民國領土。」揭示大陸地區仍屬我中華民國之領土；
該條例第75條復規定：「在大陸地區或在大陸船艦、航空器
內犯罪，雖在大陸地區曾受處罰，仍得依法處斷。但得免其
刑之全部或一部之執行。」據此，大陸地區現在雖因事實上
之障礙為我國主權所不及，但在大陸地區犯罪，仍應受我國
法律之處罰，即明示**大陸地區猶屬我國領域**，並未對其放棄
主權（最高法院89年度台非字第94號刑事判決）。

被告則以「依民事訴訟法第15條規定，對於侵權行為涉訟
者，得由行為地之法院管轄，依據上開法律規定以及原告起訴主
張之事實，僅中國大陸、美國或加拿大之法院對於本件有管轄權
之可能。是以，中華民國法院對本件並無管轄權」為由，提出國
際管轄之抗辯。

四、判決結果

　　（原）智慧財產法院判決認為，本案臺灣法院無國際管轄權，理由整理如下：

(一) **本案首應探求者為法院對本案有無國際管轄權**：法院在適用國際私法解決涉外法律糾紛時，乃以其就具體案件有管轄裁判權為前提，如非有管轄權之法院審理，其判決自難為其他國家之法院所承認。故法院就涉外案件，首先應決定者為有無管轄權之問題。國際私法上所謂「管轄權之確定」，係指一國家之「法院」有權管轄某一涉外案件。法國學者將整個國家之管轄權，稱之為「一般管轄權」，而對內國各區域之管轄權，稱之為「特殊管轄權」。又一國之法院對某種涉外案件有無管轄權，應以該國內國法之規定為準據，各國事實上均希望賦予本國法院較廣之管轄權，然倘若過分求其擴張，可能會導致其他國家之報復或抵制。尤其一國之判決常需其他國家之承認或在其他國家執行，更須得到其他國家之合作。故關於國際私法上管轄權之確定，應本諸公平合理之原則。

(二) **我國涉外民事法律適用法於我國法院在何種情形下，就涉外事件取得國際管轄權，欠缺直接明文規定，國內尚未形成統一之見解**？主要理論包括：逆推知說：從內國民事訴訟法有關土地管轄之規定，即可推知是否具國際裁判管轄權，內國民事訴訟法土地管轄之規定乃具「雙重機能性」，即符合內國民事訴訟法有關土地管轄規定之案件，不論其為純粹內國事件或涉外事件，法院皆可管轄。類推適用說：類推內國民

事訴訟法有關土地管轄規定方式。利益衡量說：其中又可分為顧及說：內國民事訴訟法土地管轄之規定具有同時決定國際裁判管轄權之意義，故不能完全置內國民事訴訟法規定於不顧，而係應就每一案件之類型針對內國民事訴訟法各規定之機能重新賦予其意義，來判斷是否具國際裁判管轄權。獨立說：基於下列重要之政策考量判斷有無管轄權：當事人之便利、公平、預見可能性；裁判之迅速、效率、公平性；調查證據便利；判決之實效性（執行可能、他國承認）；訴訟地與案件之牽連或利害關係之強度；與準據法選擇間之關聯。

(三) **我國法院就本案無國際管轄權**：按涉外民事法律適用法未規定者，適用與民事法律關係最重大牽連關係地法律。又涉外民事，本法未規定者，適用其他法律之規定，其他法律無規定者，依法理，涉外民事法律適用法第30條定有明文。另按民事訴訟法第15條第1項規定：「因侵權行為涉訟者，得由行為地之法院管轄。」經查，被告為依美國法律設立之法人，主事務所或主營業所不在中華民國境內，原告主張被告取得原告著作，於大陸生產外型、包裝、內容物相同之電療機，以劣質之大陸製產品充當臺灣生產之優良產品，於美國、加拿大地區販賣，**是其侵權行為發生地與結果地在中國大陸、美國及加拿大，亦均不在我國境內。是以，我國法院就原告與被告間之糾紛並無國際管轄權。**

(四) **原告混淆了管轄權與法律適用之問題**：原告雖稱：依涉外民事法律適用法第25條規定：「關於由侵權行為而生之債，依侵權行為地法。但另有關係最切之法律者，依該法律。」

查被告原與原告簽有「EXCLUSIVE DISTRIBUTORSHIP AGREEMENT」，被告所侵害之著作係為因該合約而取得，本爭議最切法律為我國法，故我國法院有管轄權云云，然本件民事糾紛應適用修正前涉外民事法律適用法第9條「關於由侵權行為而生之債，依侵權行為地法。但中華民國法律不認為侵權行為者，不適用之」之規定，而非原告上開所稱之修正後規定，已如前述；況上開乃關於準據法擇定之規定，而非關於管轄權之規定，是原告上開主張將「準據法」與「管轄權」混為一談而為立論，自非可採。

(五) **涉外民事法律適用法與（原）智慧財產法院組織法之規定，並非國際管轄權之規定**：原告又稱：依涉外民事法律適用法第42條第1項規定：「以智慧財產為標的之權利，依該權利應受保護地之法律。」原告之著作權取得係依我國著作權法，再參酌智慧財產法院組織法第3條第1項之規定：「依專利法、商標法、著作權法、光碟管理條例、營業秘密法、積體電路電路布局保護法、植物品種及種苗法或公平交易法所保護之智慧財產權益所生之第一審及第二審民事訴訟事件」，原告得依法向智慧財產法院起訴，本事件亦因原告起訴而繫屬智慧財產法院，智慧財產法院對本事件即有管轄權云云。惟原告以涉外民事法律適用法第42條為其論據，同有混淆「準據法」與「管轄權」之違誤；又智慧財產法院組織法第3條第1項之規定乃我國法院就訴訟事件「特殊管轄權」之劃分，並非用以認定我國法院就本事件有無「一般管轄權」之依據，換言之，必先決定我國法院得管轄本事件後，再依智慧財產法院組織法第3條第1項或其他法規認定由我國

何法院管轄。是原告前開主張,亦非可取。

(六)北美事務協調委員會與美國在臺協會著作權保護協定亦非我國法院國際管轄權之規定:原告復謂:北美事務協調委員會與美國在臺協會著作權保護協定第4條第3項規定:「著作人、著作權人及其受讓人或取得其專用權利之人,在締約各方領域內符合非前項所排除之程序要件時,應有權就本協定所賦予之權利之執行,於各該領域內依該領域之法令,提起著作權侵害之訴訟程序,及獲得刑事或海關之有效執行」,是原告於我國境內(即締約各方領域內)對被告提起侵權行為損害賠償之訴,亦合於上開規定,我國法院依該協定亦就本事件有審判權云云。然該協定乃確認著作權利人在締約各方領域內能獲得權利之實質保護,要非關於我國法院「一般管轄權」之規定,自不得據該協定認為著作權利人在欠缺其他關於管轄權法院決定之法律依據下,得僅憑該協定任意主張締約各方領域具有管轄權。是原告此一主張,同無理由。

(七)中國大陸地區縱認仍為我國領土,於該地區所生之侵權行為案件,仍應由中國大陸地區法院取得國際管轄權:原告末稱:依中華民國憲法第4條及臺灣地區與大陸地區人民關係條例第2條第2款,大陸地區仍屬我中華民國領土;在中國大陸犯罪,仍應受我國法律處罰(最高法院89年度台非字第94號刑事判決),是被告在中國大陸地區侵害原告受我國著作權法保護之著作,其行為仍受我國法律拘束,我國法院自有管轄權云云。惟本件應依民事訴訟法第15條第1項規定定管轄權,已如前述,而本件侵權行為之行為地既在中國大陸地區及美國、加拿大,依該條即應由中國大陸地區及美國、加

拿大之法院管轄，本院既非上述任一地方之法院，縱認大陸
地區仍爲我國領土，亦不影響管轄權法院依民事訴訟法第15
條第1項應爲之認定。至於最高法院89年度台非字第94號刑
事判決乃針對是否在中華民國領域內犯罪，進而應否適用中
華民國法律論處之問題立論，與民事管轄法院之認定，性質
完全不同，自不能比附援引。

參、裁定評析

綜合上述（原）智慧財產法院見解，本文認爲有以下五
點，可爲進一步之分析：

一、一般管轄與特別管轄

首先，智慧財產法院明確指出，「國際私法上所謂『管轄權
之確定』，係指一國家之『法院』有權管轄某一涉外案件。」
並明確採用了法國國際私法關於「一般管轄」（compétence
générale，即裁定中所稱「一般管轄權」）與「特別管轄」
（compétence spéciale，即裁定中所稱「特別管轄權」）之分
類。因此，本號裁定進一步指出，（原）智慧財產法院組織法
第3條第1項之規定乃我國法院就訴訟事件「特殊管轄權」之劃
分，並非用以認定我國法院就本事件有無「一般管轄權」之依
據，原告以上開條文作爲本案我國法院有國際管轄權之法律根
據，並無理由。

　　區別「一般管轄」與「特別管轄」的實益，在國際私法學上主要在於表現其所論述之管轄權理論的特殊性，用來表示與國內法所稱之「管轄權」概念之差異。國內法上的管轄權概念，特別是土地管轄，與國際私法上的管轄權概念並不相同。國際私法所談的管轄權（一般稱「國際管轄權」）並非僅以地理的概念作為管轄權有無之判斷基礎，相反地，其所考慮之非地理因素，亦不在少數，即使案件與國家法院之間並無地理關係，在特定情形下，國家仍有可能對於案件取得國際管轄權。

　　以我國成文法源為例，家事事件法第53條規定：「婚姻事件有下列各款情形之一者，由中華民國法院審判管轄：一、夫妻之一方為中華民國國民。二、夫妻均非中華民國國民而於中華民國境內有住所或持續一年以上有共同居所。三、夫妻之一方為無國籍人而於中華民國境內有經常居所。四、夫妻之一方於中華民國境內持續一年以上有經常居所。但中華民國法院之裁判顯不為夫或妻所屬國之法律承認者，不在此限。被告在中華民國應訴顯有不便者，不適用前項之規定。」即為國際管轄權之標準。其中夫妻之一方為中華民國國民（國籍）、中華民國法院之裁判顯不為夫或妻所屬國之法律承認、被告在中華民國應訴顯有不便等，或作為判斷國際管轄權之積極條件，或作為消極條件，均與地理因素無關。

　　因此，智慧財產法院首先敘明國際管轄權之性質，並援用學理分類將二者明白區分，即在說明本案法院在判斷國際管轄權之有無問題上，不得直接適用內國民事訴訟法上關於土地管轄之規定，至少應當參照案件所特有之涉外性質，審慎地類推適用內國民事訴訟法上之管轄權規定，方能兼顧國際管轄權問題的獨特

性[4]。

　　一般而言，在國際管轄權的標準上，法院應類推適用內國民事訴訟法關於土地管轄權之規定，並加以適當的調正與修正，作為判斷內國法院對於系爭案件有無國際管轄權之基礎。本件裁定在國際管轄權的特性認定上見解正確，僅一處小瑕疵，或屬可議：本案法官引用涉外民事法律適用法（舊法）第30條，以之作為橋樑條款，援引民事訴訟法第15條第1項作為判斷本案我國法院無國際管轄權之依據，推論上或屬多餘。良以涉外民事法律適用法之規定，主要係就案件之法律適用問題予以指示，而與國際管轄權之有無認定無關。以下即繼續說明二者間之區別。

二、立法管轄與司法管轄

　　立法管轄（compétence législative）與司法管轄（compétence judiciaire）是傳統法國法學對於國家權力的分類。前者指國家制定法律的權能，所涉及的是國家法律適用範圍的問題；後者則是指國家適用其所制定法律的權能，所涉及的是國家法院管轄權範圍的問題。而運用到國際私法上，前者所涉及者，為法律衝突之法則問題；後者所涉及者，則為管轄權衝突之法則問題。

　　法國法院在早期曾經將國際管轄權（管轄衝突）問題與法律衝突問題相混，認為案件如果可能適用外國法，則法國法院對於

---

[4]　林恩瑋，國際私法理論與案例研究（1），五南，2013年，頁16以下。

該案件即無管轄權[5]。時至今日這種理論已經被放棄，而將國際管轄權問題與法律衝突問題二者截然區分。換句話說，即使認為國家法院對於案件雖然具有國際管轄權，但在案件的法律適用問題上，未必就會適用法庭地國的法律[6]。

　　法國法院的見解之所以改變，主要是意識到管轄權衝突之法則與法律衝突之法則，二者在性質上有相當的差異性。前者為實體法則（règle matérielle，日本學者或將之譯為實質法）性質，乃直接觸及管轄權有無之問題，而後者則為選法法則（règle de conflit）性質，乃間接決定實體上權益之問題。因此在涉外案件中，即便是法院對於系爭案件具有國際管轄權，仍須依照法院地國的衝突法則，決定案件法律之適用，而不能直接適用法院地法的規定解決系爭案件之法律問題[7]。

　　我國國際私法學界現今通說及法院見解，亦認為應將國際管轄權問題與法律適用問題相區別，應分別適用不同的法律規範，不可相混。本案（原）智慧財產法院認為原告主張「依涉外民事法律適用法第42條規定，『以智慧財產為標的之權利，依該權利應受保護地之法律。』」原告之著作權取得係依我國著作權法，再參酌（原）智慧財產法院組織法第3條第1項之規定，『依專利法、商標法、著作權法、光碟管理條例、營業秘密法、積體電路電路布局保護法、植物品種及種苗法或公平

---

[5]　同前註，頁5。

[6]　準據法之選擇與管轄權之確定，在法律邏輯上應為兩種完全不同，而互相獨立之步驟，但由於有管轄權之法院國與案件常有適當之牽連，故有時此二步驟會被誤會為互相有關聯。陳隆修，國際私法管轄權評論，五南，1986年，頁99。

[7]　B. Audit, Droit International Privé, Economica, 7e éd., 2013, n° 318.

交易法所保護之智慧財產權益所生之第一審及第二審民事訴訟事件』，原告得依法向智慧財產法院起訴，本事件亦因原告起訴而繫屬智慧財產法院，智慧財產法院對本事件即有管轄權云云」，有混淆「準據法」與「管轄權」之違誤，即是清楚地採取了區分管轄衝突與法律衝突二者的立場，並明確指出涉外民事法律適用法之規定並非國際管轄權標準之法源依據，其見解殊值肯定。

三、國際管轄權的標準

那麼，如何確認本案我國法院是否有國際管轄權呢？（原）智慧財產法院指出，應依照民事訴訟法第15條第1項規定：「因侵權行為涉訟者，得由行為地之法院管轄。」判斷之。惟本案法院雖然羅列了國際管轄權法理上的眾多學說：逆推知說（二重機能理論）、類推適用說以及利益衡量說（包括顧及說與獨立說）等，但判決並未明確說明究竟採哪一說。即便以類推適用民事訴訟法第15條第1項規定而言，智慧財產法院在本案我國法院是否具有國際管轄權的推論上，仍有部分見解尚待斟酌。

智慧財產法院認為：「經查，被告為依美國法律設立之法人，主事務所或主營業所不在中華民國境內，原告主張被告取得原告著作，於大陸生產外型、包裝、內容物相同之電療機，以劣質之大陸製產品充當臺灣生產之優良產品，於美國、加拿大地區販賣，是其侵權行為發生地與結果地在中國大陸、美國及加拿大，亦均不在我國境內。是以，我國法院就原告與被告間之糾紛並無國際管轄權。」並以「本件侵權行為之行為地既在中國大陸地區及美國、加拿大，依該條即應由中國大陸地區及美國、加拿

大之法院管轄，本院既非上述任一地方之法院，縱認大陸地區仍為我國領土，亦不影響管轄權法院依民事訴訟法第15條第1項應為之認定」等為由，裁定我國法院對本案無國際管轄權，而駁回原告之訴。

　　成問題者，乃民事訴訟法第15條第1項所稱之「行為地」，究竟係指侵權行為做成地，還是侵權行為損害結果發生地，可能會影響本案法院在國際管轄權上的判斷。最高法院56年台抗字第369號民事判例認為：「按因侵權行為涉訟者，得由行為地之法院管轄，為民事訴訟法第15條第1項所明定，所謂行為地，凡為一部實行行為，或其一部行為結果發生之地皆屬之。」依此見解，則理論上，當被告開始進行侵害著作權之行為時，不待侵權行為結果之發生，其行為地法院亦可取得本案之國際管轄權。

　　但何時開始算是侵害著作權行為的開始？是從仿製工作開始？還是從意圖進行侵害著作權時開始？甚或是更早之前，從侵權行為人接觸到著作本身時開始算起？事實上，從侵權行為人（被告）開始接觸著作，到意圖重製著作，到重製完成，乃至於開始販賣散布仿作，這一系列的行為階段不但難以切割，也難以個別舉證。因此在涉外的著作權侵害案件中，如果將民事訴訟法第15條第1項所稱之行為地解釋為「為一部實行行為，或其一部行為結果發生之地皆屬之」的情形，則可能將侵權行為人的前行為階段，包括接觸到著作資訊的地點也列為一部實行行為地，如此寬廣的國際管轄權認定，雖有利於原告，但恐怕未必能為其他國家法院所接受。

　　在本案中，原告並未援用上開最高法院的見解作為國際管轄權之主張。從邏輯上來說，如果原告果真以上開最高法院見解為

基礎，主張「因被告接觸著作之地點在臺灣，因此其一部實行行為之地在臺灣，而使臺灣法院對本案取得國際管轄權」時，智財法院似乎並無理由以原告之請求不符民事訴訟法第15條第1項之規定為由，裁定駁回原告之訴。但這種結論卻是顯然地過分擴張了我國法院國際管轄權的範圍，而有過剩管轄（exorbitant jurisdiction）之嫌。

就此一問題，比較法上參考德國馬普所歐洲智慧財產權衝突法小組所擬定之「智慧財產權之衝突法」（Conflict of Laws in Intellectual Property, CLIP）原則，第2：202條規定：「在涉及侵犯知識產權的爭議中，可以在發生或可能發生所述侵權行為的國家的法院起訴，除非被控侵權人在該國未開始行為或進一步侵犯他人，其行為不能被合理地視為是指向該國。」（In disputes concerned with infringement of an intellectual property right, a person may be sued in the courts of the State where the alleged infringement occurs or may occur, unless the alleged infringer has not acted in that State to initiate or further the infringement and her or his activity cannot reasonably be seen as having been directed to that State.）似乎是將這類案件的國際管轄權標準以「損害結果發生地」國法院作為管轄法院。CLIP原則如此解釋：通常損害發生地國在證據的取得和事實的證明上，均要較為容易，也符合侵權行為依行為地法（lex loci delicti commissi）這項古老的法則，是屬於比較實際的管轄規則。

CLIP原則採用的國際管轄權標準是「損害結果發生地」國，相較於「行為做成地」，在著作權侵害案件中要較為具體而可得確定。相類似的立法也可以在瑞士聯邦國際私法（Loi fédérale sur le droit international privé, LDIP）中找到，其第109條第2項規定：「與侵害智慧財產權有關的訴訟得於被告在瑞士住所地之法院提起，被告無住所時，於被告在瑞士之習慣居所地法院提起[8]。此外，爲受理在瑞士營業地行爲之訴訟，行爲地或結果地以及營業場所在瑞士者，瑞士法院亦有管轄權。」因此，依照比較法上的趨勢來說，在涉外著作權侵害案件中的國際管轄權標準，似不宜採取最高法院擴充行爲地概念之見解，而應以「損害結果發生地」作爲行爲地之判斷，較爲實際。

四、國際管轄權的排除

　　本案另外一個未被提起的問題是，當實際發生侵害著作權所牽連到的國家不包含我國（法院地國）時，我國法院得否以證據蒐集地點散於國外，舉證上耗費時間過鉅，且被告可能在我國無財產可供執行，而有另外更爲便利之國家法院可以受理本案時，主張「不便利法庭原則」（Forum Non Convenience）迴避其國際管轄權之行使？

　　不便利法庭原則在我國並無成文法源依據[9]，而係根據法院

---

[8]　原文爲：「Les actions portant sur la violation de droits de propriété intellectuelle peuvent être intentées devant les tribunaux suisses du domicile du défendeur ou, à défaut, ceux de sa résidence habituelle. Sont en outre compétents les tribunaux suisses du lieu de l'acte ou du résultat et, pour connaître des actions relatives à l'activité de l'établissement en Suisse, les tribunaux du lieu de l'établissement.」

[9]　因此亦有地方法院判決不採者，例如臺灣基隆地方法院90年度海商字第2號民事判決。

實務上操作援引法理而得[10]。這也使得在我國法院實務上，不便利法庭原則的運用受到了一些調整，例如法院在引用不便利法庭原則時，有時並未討論是否還有另外更為便利之法庭存在，僅著重於說明何以內國法院為不便利法庭[11]；即使在訴訟雙方當事人都未提出不便利法庭原則之情況下，法官仍得職權引用不便利法庭原則，迴避其國際管轄權之行使；並且不便利法庭原則被當成是一種判斷法院對於系爭案件有無國際管轄權之標準[12]，而非在認定法院地國具有國際管轄權的前提下去適用不便利法庭原

---

[10] 相同意見，參考智慧財產法院105年度民抗再字第2號民事裁定：「綜觀臺灣民事訴訟法之相關規定，並無不便利法庭原則之明文，且最高法院亦有認臺灣既有管轄權，又無調查證據之困難，故無依不便利法庭原則而拒絕管轄之確定裁判。」

[11] 例如臺灣臺北地方法院92年度訴字第1164號民事裁定：「本件原告主張被告與訴外人所Formosa International Telecom Inc.簽租約發生違約債權債務問題，被告應課以罰金美金二十萬元，訴外人Formosa International Telecom Inc.將美金二十萬元之罰金債權讓與原告，原告自得請求給付等事實。惟原告主張債權讓與之債權人即訴外人Formosa International Telecom Inc.及被告均為外國人、外國公司或組織，被告之事務所在美國維吉尼亞州，訴外人Formosa International Telecom Inc.之住所在美國加州，關於系爭契約涉訟之準據法應適用美國法律，給付之內容係美金，倘由本國法院調查，無異增加當事人及本國法庭訴訟之負擔，對被告訴訟權之保護，亦非周延，而由本國法院管轄，無論於調查證據或訴訟程序之進行，將無端耗費本國法院之勞力、時間與費用，對法庭地納稅人之負擔，亦不公平。另原告自承被告在國內並無財產及事務所，在財產地部分，與本國亦無牽連關係。依上開考量，若由本國法院審理，符合上揭『不便利法庭原則』，認我國法院對本件訴訟並無一般管轄權。」並未說明是否另有更便利之法庭得為本案之管轄法院。

[12] 例如臺灣臺北地方法院96年度保險字第120號民事裁定：「是自『公平、經濟考量』、『管轄原因集中』、『利益衡量』等觀點，亦應認為我國法院對於被告加拿大FedEx公司及被告FedEx公司欠缺本件私法紛爭之裁判管轄權，即符合上揭『不便利法庭原則』，我國法院對本件訴訟並無一般管轄權。」

則[13]。

　　依據本案之背景事實判斷，在一般情形下，我國法官很可能會因為本案所牽涉之侵權行為損害發生地不在臺灣，而於國外蒐集證據與傳喚證人均有重大不便的情形下，職權宣告不便利法庭的適用。但較為特別的是，（原）智慧財產法院並沒有討論這個原則是否在本案中有適用的餘地，這留下兩個可能的推論空間：一種是法官並未意識到本案或許有不便利法庭原則之適用，因此並未援用該項原則作為駁回原告主張我國法院有國際管轄權之基礎；另一個可能是法官可能意識到了不便利法庭原則，但鑑於本案我國法院對之並無國際管轄權，因此不具備適用不便利法庭原則之基礎（因為不便利法庭原則適用的前提之一，是主張不便利法庭之國家法院必須對於系爭案件本來就具有國際管轄權），從而對之並未加以討論。

　　無論是哪一種可能性，本文以為本案中應無須討論不便利法庭原則。主要的理由還是在於不便利法庭原則並非國際管轄權之判斷標準，本案所涉及者，為受訴法院有無國際管轄權之問題，而非在確認受訴法院有國際管轄權後，是否以不便利法庭為理由拒絕行使國際管轄權之問題。二者在國際管轄權的思考層次上，仍宜加以區別。

---

[13] 與本文相同見解，如臺灣高雄地方法院99年度海商字第12號民事判決，認為：「我國法院殊有該涉外民商事事件之國際民事裁判管轄，雖與英美法系國家『不便利法庭原則』概念相似，惟前者乃就我國法院審理某一涉外民商事事件決定是否有國際民事裁判管轄之標準，後者則為具有國際民事裁判管轄之法院個案審酌後拒絕行使國際民事裁判管轄之理論，兩者在方法論上之推闡有間，委難遽以喚為兩者概念同一，至為明灼。」其立論正確，值得肯定。

五、訴訟策略建議

　　在原告所述為真的前提下，就本案而言，主要的問題應該出自於原告與被告簽訂有專屬授權銷售合約，由被告取得北美地區的專屬銷售權時，該份專屬授權銷售合約中並無關於智慧財產權爭議之國際管轄權約定條款。以至於嗣後被告未經原告之同意，自行利用原告之著作（電療機）製造並銷售至美國及加拿大等地時，原告欲選擇訴訟進行的法院地國時產生了障礙。

　　本文認為，類似這種專屬銷售合約的簽訂，製造商均不應忽視其所可能伴隨的智慧財產權爭議，而宜預先設定可能的救濟策略，將法律風險的成本降至最低，以避免與本案原告一般，在花費裁判費與律師委任費用後，卻仍然一無所得。

　　比較可行的方式，或許是在專屬授權銷售合約中加上智慧財產權爭議之國際管轄權約定條款，約定「**契約甲乙雙方同意，就與（契約標的產品）相關之一切智慧財產權爭議，包括但不限於專利、商標、著作權、營業秘密、專有技術、其他專屬性權利與衍生權益等，均交中華民國（地方）法院取得專屬管轄權。**」以此一條款，限定當事人間關於智慧財產權爭議僅能在臺灣法院提出訴訟，排除他國法院的管轄權行使，並控制將來可能產生之訴訟問題花費之成本。

肆、結　論

　　隨著醫學美容市場在這幾年間的拓展，醫美器材的需求亦將越見殷切。國產製造的醫美器材在進入到國外市場時，我國廠商也必須開始思考，萬一因爲器材發生糾紛時，我們能夠將訴訟成本的風險控制到什麼程度？

　　以智慧財產法院100年度民著訴字第53號民事裁定爲例，我們瞭解到如果未將標的器材的智慧財產權爭議預先考慮規劃，將來發生爭議時，會帶給我國廠商多麼不利的影響。特別是對於管轄法院並無約定時，我國廠商實無法預測對方會將仿製的器材運往何地販售（或甚至以網路方式販售，則屬地連結將更爲欠缺）。若不能在事先約定專屬授權銷售合約中同時置入合意專屬國際管轄權之條款，則甚難控制我國廠商所可能面臨的訴訟成本花費。

　　智慧財產法院100年度民著訴字第53號民事裁定認爲，系爭案件被告爲依美國法律設立之法人，主事務所或主營業所不在中華民國境內，原告主張被告取得原告著作，於大陸生產外型、包裝、內容物相同之電療機，以劣質之大陸製產品充當臺灣生產之優良產品，於美國、加拿大地區販賣，其侵權行爲發生地與結果地在中國大陸、美國及加拿大，亦均不在我國境內。是以，我國法院就原告與被告間之糾紛並無國際管轄權。此項見解，是否完全符合我國最高法院向來在涉外侵權行爲案件中所持之國際管轄權標準，實不無疑問。

　　民事訴訟法第15條第1項所稱之「行爲地」，究竟係指侵權行爲做成地，還是侵權行爲損害結果發生地，可能會影響本案法

院在國際管轄權上的判斷。最高法院56年台抗字第369號民事判例認為：「按因侵權行為涉訟者，得由行為地之法院管轄，為民事訴訟法第15條第1項所明定，所謂行為地，凡為一部實行行為，或其一部行為結果發生之地皆屬之。」依此見解，則理論上，當被告開始進行侵害著作權之行為時，不待侵權行為結果之發生，其行為地法院亦可取得本案之國際管轄權。

　　從比較法的發展來看，著作權侵害的案件採用的國際管轄權標準多為「損害結果發生地」國，相較於「行為做成地」，此項標準在著作權侵害案件中要較為具體而可得確定，頗值我國法院在涉外案件國際管轄權問題的解釋上借鏡。

參考文獻

一、中文部分

林恩瑋，國際私法理論與案例研究（1），五南，2013年。

陳隆修，國際私法管轄權評論，五南，1986年。

二、外文部分

B. Audit, Droit International Privé, Economica, 7e éd., 2013.

第二部分

法律衝突論

|第一章|
外國法適用問題之研究：臺灣司法實務判決與比較法上的一些思考

壹、前　言

　　一般而言，內國法院適用外國法約有兩種型態。其一爲未受任何指引，但內國法官主動引用國際條約、國際慣例或外國法制，將之用以解釋本國法律，或作爲法源之一逕行適用者[1]。例如在Kennedy v. Mendoza-Martinez一案中[2]，原告爲生來具有美國籍之公民，1942年爲逃避兵役離開美國前往墨西哥，1946年其回到美國，被美國法院以逃避兵役爲由判決有罪，根據1940年的美國國籍法第401(j)條被剝奪了美國國籍，美國聯邦法院引用聯合國人權宣言，認爲系爭國籍法規定因爲具有刑事性質，同時並未提供原告適當的法律程序予以救濟，因此剝奪原告國籍之規定應屬違憲；其二爲受內國法規（特別是衝突法規）或當事人意思指引，在特定案件中以外國法爲準據法，加以適用者。例

---

[1] 這種情形所引發的討論，主要在於內國法官適用外國法有無違反民主理論，以及如何限制法官裁量權，避免其依照偏好選擇性地適用外國法等問題。參考賴英照，說理或詭辯—判決引用外國法的爭論，中原財經法學，第38期，2017年6月，頁1-108。

[2] 372 U.S. 144, 146, 83 S. Ct. 554, 556, 9 L. Ed. 2d 644, 648, 1963 U.S.

如在涉外民事案件中，為確認外國籍當事人是否具備完全行為能力，而依涉外民事法律適用法第10條第1項「人之行為能力，依其本國法」之規定，適用外國法的情形。

　　上開兩種適用外國法的型態，均面臨一些共同的問題。首先，是外國法的民主正當性問題。內國法官援引不具內國民主正當性的外國法適用於具體案件，特別是以之作為對於內國人民判決的根據，其適用的基礎究竟是什麼？其次，則為外國法適用之範圍問題。適用外國法，究竟是僅止於外國立法機關所制定之成文法（statutory law），抑或尚包含外國的不成文法，例如司法機關所形成之判例、習慣法或解釋等意見？而就算僅止於成文法，外國的衝突法則是否也應該列入外國法適用之範圍？再者，適用外國法的效果，特別在上級法院，是否與適用內國法一般，對於下級法院具有拘束性？亦值得研究。此外，外國法的適用是否毫無限制？在什麼樣的情況下可以排除外國法的適用？特別是外國法的適用在個案正義的維護尚無法達成功能時，應當以何種理由，以及何種解決方案，排除預定的外國法的適用？

　　我國成文法中，關於外國法之適用問題，僅有兩條直接相關之條文。其一為民事訴訟法第283條：「習慣、地方制定之法規及外國法為法院所不知者，當事人有舉證之責任。但法院得依職權調查之。」其二為涉外民事法律適用法第8條：「依本法適用外國法時，如其適用之結果有背於中華民國公共秩序或善良風俗者，不適用之。」然上開規定僅係就外國法之證明及外國法適用結果之例外排除，做原則性的規定，但對於外國法適用之其他問題，並未有明文。這也造成了一些疑惑，例如，倘系爭案件之外國法在顯然無法證明其內容的情況下，是否准許法院直接適用

法院地法？又如臺灣法院認爲系爭外國法適用之結果將有違背法
院地之公共秩序或善良風俗時，則取代的準據法，究應爲法院地
法，還是其他可能與本案關係最切之外國法？

　　綜上，本文擬將所有關於外國法適用之問題，整理歸納爲
二：第一部分爲外國法適用之原則，此部分包含適用外國法的基
礎理由爲何、適用外國法的範圍爲何，以及適用外國法之法律
效果爲何等問題，應先予釐清；第二部分則爲外國法適用之例
外，所涉及到的是公序良俗條款的運用，以及當事人意思得否排
除外國法適用等問題。以下依序討論之。

貳、外國法適用之原則

一、外國法適用之基礎

　　一個開始的思考是：從內國的角度來說，何以內國法官可以
適用一個不具內國民主性基礎的外國法律？而從外國的角度來
說，又爲何一國之法律可以在其領土上施行，又同時具有域外的
效力？

　　上開兩個問題，均與外國法適用的基礎相關。關於外國法適
用的基礎，大約有兩種主要的看法。第一種是英美的國際私法學
者，大多以既得權理論，用來說明爲何內國法院在涉外案件中得
適用外國法。依照此說，內國法官適用外國法，主要是對於當事
人依據外國法取得之「既得權」的一種尊重。然而此說無法解釋
當適用外國法將創設新的法律關係與權利義務時的情形，特別是
內國法官依據衝突法則選擇外國法作爲準據法時，往往都是在創

設新的法律關係。且並非所有涉外案件皆涉及既得權之問題，只能說出於既得權的尊重，是內國法官適用外國法的理由之一，而非唯一之理由[3]。

另一種看法為義大利法學者所主張，認為適用外國法，即相當於將外國法併入內國法的法律體系中。內國的衝突法為內國法律秩序的一環，因此依據內國之衝突法則選擇適用外國法，相當於實質接受（réception matérillle）外國法成為內國法之一部分。然而，此說難以解釋的是，當內國法官適用外國法時，並沒有改變外國法的性質，使之成為內國法。易言之，義大利的法官依據義大利的衝突法則指示適用法國法，並不會因此使得法國法改變其性質成為義大利法。實質接受這種主張只是一種學理上的假設，或許主觀上我們可以將外國法的適用歸於內國法官適用內國法（內國衝突法則）的結果，但客觀上外國法的性質仍然沒有改變，內國法官適用外國法，不等於給予外國法民主性的基礎，而將之等同於內國法律秩序的一部分[4]。

以上兩種看法，均難以完全說明外國法適用的基礎。不過，對於內國法官適用外國法的民主性基礎問題上，或許以實質接受說的理論推斷較有說服力。易言之，由於內國的衝突法則是建立在內國的民主性基礎上通過的法律，因此內國衝突法則的指示，自然也具備民主性的基礎，內國法官依據內國衝突法則指示適用外國法，儘管外國法本身並不具備內國的民主正當性（因為外國法是經由外國的立法機關所制定，而非內國的立法機

---

[3] 參照柯澤東著，吳光平增修，國際私法，元照，2016年，頁71。

[4] Y. Loussouarn, P. Bourel et P. de Vareilles-Sommières, Droit International Privé, Dalloz, 10e éd., 2013, p. 306.

關），但在「適用外國法」這一個問題上，透過內國立法機關所
制定的衝突法則機制而指示適用外國法，內國法官是有民主正
當性的。

　　然而，對於外國法何以得於其領土上施行，又同時具有域外
的效力這個問題上，既得權說和實質接受說似乎均難以完全說
明。本文認為，此一問題主要涉及到對於外國法之適用，應如何
認識其性質之問題。易言之，如果外國法之適用與內國法之適用
概念上完全相同，即均屬於「法律適用」之問題，則此時「外國
法是否將因為內國法官之適用，而具有域外之效力？」這個問
題，始有討論之價值；反之，如果外國法之適用與內國法之適用
概念上不完全相同，則關於內國法官適用外國法之問題，即非當
然屬於「法律」效力延伸域外之問題，在這一點上或許會有不同
的理解與解釋。因此，首先要處理的，是內國法官應如何理解與
認識外國法的「存在」，亦即一般我國國際私法學者所述「外
國法之性質」。在這個問題上，大致上有「事實說」與「法律
說」兩種不同的看法。

　　在事實說方面，以英國法制最具代表性。在英國的法律系
統，特別是判例法中，外國法是作為事實而存在的，也因為外國
法是一種事實，必須由當事人進行主張與證明，而通常這種證明
的方法，是透過專家證言（expert testimony）的方式進行的。對
於英國法院而言，外國法並非法律，而僅係法律事實，與其他事
實相同，必須被證明其存在[5]。這種做法事實上是將法官視為對

---

[5]　Ranhilio Callangan Aquino, "Highlights of Philippine Conflict of Laws," 39 *IBP J.*
31, 2014.

於外國法是無知的，而透過專家證言來彌補法官在外國法知識上的不足[6]。英國法官沒有義務認識外國法，而英國法院判決更認為，即便外國法是如何地惡名昭彰，法院亦不得對其為司法認知（judicial notice）[7]。換句話說，對英國法院而言，對於外國法的內容如何，仍需要進行外國法之證明程序。

　　儘管英國法院認為外國法是作為事實而存在，一般的英國國際私法學說上大多認為，外國法的問題是事實問題，但具有特殊性。在一些案件中，外國法的問題被定性為是一種「特種的事實問題」（question of fact of a peculiar kind）。這種特殊性來自於幾個方面。首先是舉證責任方面，在判例法中，負擔訴訟中爭點舉證責任的當事人，在無法證明事實的情況下，通常會遭受敗訴判決，然而在外國法證明的場合，判例法的方式卻常是以法院地法替代之，而非逕為無法舉證一方當事人敗訴的判決；其次，在陪審團與法官的分工上，一般係由陪審團決定事實問題，法官決定法律問題，但在外國法的證明問題上，最後對於外國法內容證明的決定權是在法官手中，而非陪審團；再者，從上級法院的立場來看，下級法院的外國法適用意見，上訴法院並不受其拘束，這與一般上級法院除非是下級法院提出了廣泛的、相互矛盾的證據時，才會自行審查所有證據，原則上尊重下

---

[6] Daryl Xu, "Proving foreign law in domestic proceedings-the futility of the 'expert' advocate and some more sensible procedural solutions: Re Harish Salve," C.J.Q., Vol. 37: 3, 2018, pp. 319-331.

[7] 所謂「judicial notice」，係指法庭對眾所周知的且無爭議的事實或事件予以承認和接受，從而免除當事人對該事實或事件的舉證責任。法庭可以主動對某一事實予以司法認知，也可以應當事人的聲請進行。參考網址：http://lawyer.get.com.tw/Dic/DictionaryDetail.aspx?iDT=59711，2021年7月7日。

級法院對於事實判斷的做法並不相同。並且，在一些案件中，法官在判斷外國法內容時，未參考其他的事實資料，甚至未參考專家證言，僅依據與法院地法相近之原則解釋外國法之內容，似此種種均顯示，即使在判例法中，外國法的問題仍非純粹被當成事實問題看待[8]。

在法律說方面，則以義大利主張外國法實質接受說的學派為主，主張內外國法完全平等，內國法官適用外國法與適用內國法相同，並無區別[9]。主張法律說之學者，往往批評事實說不符合司法三段論式（syllogism）結果，如認為外國法為事實，則法官適用外國法等於是以「事實」適用於「事實」，形成邏輯上的謬誤[10]；並且，國際私法上的法律選擇，既以選擇法律為前提，何來選擇之後復行爭論外國法是法律或事實之理[11]？在立法上，美國聯邦民事訴訟規則（Federal Rules of Civil Procedure）第44.1條規定：「欲提起以外國法為爭點之當事人應以訴狀或其他合理書面為通知。法院，於決定外國法時，得考慮任何相關資料或來源，包括證言，不論其是否由當事人所提出，亦不論依聯邦

---

[8] J. J. Spigelman, "Proof of Foreign Law by Reference to the Foreign Court," L.Q.R., 2011, 127(Apr), pp. 208-216.

[9] 參照章尚錦、杜煥芳，國際私法，中國人民大學出版社，2017年，頁75以下；柯澤東著，吳光平增修，同前註3，頁74以下參照；馬漢寶，國際私法（總論各論），翰蘆，2014年，頁206以下。

[10] 馬漢寶，同前註，頁206。

[11] 參照蔡華凱，外國法的主張、適用與證明—兼論國際私法選法強行性之緩和，東海大學法學研究，第24期，2006年6月，頁175-240。蔡教授主張外國法的性質與外國法的證明係屬二事，法院是否適用外國法，乃選法的問題，取決於選法規則在法院地國係屬強行規範，抑或任意規範，法院是否適用外國法，與外國法究屬法律或事實之性質，無直接之關聯，因此國際私法上外國法事實說與法律說之爭議，不論理論上或實務上皆不具實益。

證據規則是否具證據適格性。法院之決定必須被視爲就法律問題之判斷[12]。」顯然採取的立場是將外國法適用問題認爲係法律適用問題。而法國最高法院（La Cour de Cassation）則在其案例中直接宣稱外國法之性質係法律規則（règle de droit），也傾向認定外國法之適用，即爲法規之適用[13]。

然而必須指出的是，即便法國最高法院認爲外國法具有法律規則之性質，法國國際私法學者卻未必將「外國法適用」之概念等同於「法國法適用」之概念。原則上，外國法還是應該被認爲是一種存在的「事實」，只是這個「事實」具備一定的「法律性」（juridicité）[14]。法國最高法院在一定程度上將外國法比擬爲契約，並且拒絕就事實審法官對於外國法的解釋進行檢驗或評價。法國學者如Pierre Mayer與Vincent Heuzé即認爲，外國法與內國法相同，在尚未解釋前，外國法僅是一個存在的事實，必須等待內國法官解釋後，才會具備法律性。外國法與內國法的不同在於外國法在內國欠缺內國法所具有的強制性，但外國法的內容仍與內國法一樣，適用一般的法理原則。因此，一方面外國法就其所存在、尚待確定的內容是一種事實，而另一方面當外國法被內國法官適用後，發揮其法律性，從而創設並決定個人的權利義

---

[12] 原文爲：「A party who intends to raise an issue about a foreign country's law must give notice by a pleading or other writing. In determining foreign law, the court may consider any relevant material or source, including testimony, whether or not submitted by a party or admissible under the Federal Rules of Evidence. The court's determination must be treated as a ruling on a question of law.」參考網址：https://www.law.cornell.edu/rules/frcp/rule_44.1，2021年7月7日。中文翻譯部分，參考蔡華凱，同前註，頁199。

[13] Civ. 13 janv. 1993, *Rev. Crit. DIP* 1994. 78, note B. Ancel.

[14] Y. Loussouarn, P. Bourel et P. de Vareilles-Sommières, *supra note* 4, n° 239.

務，又成爲其另一項特徵[15]。

　　我國最高法院則不探實質接受說之立場，在94年度台抗字
第81號民事裁定中，最高法院明確表示：「……**且該外國法
或大陸地區法律仍不失其原有本質，並非將其視爲內國法之一
部**。故內國法院對於該法律之解釋，應以該外國或大陸地區之法
院所爲解釋爲依據，並應考慮其判例、習慣等不成文法，不得以
內國法院解釋內國法之原則對之爲解釋。」而這是否即意味將外
國法之性質認爲是一種事實？最高法院立場並不明確，但可推斷
至少最高法院認爲外國法的性質與內國法不同，易言之，對臺灣
法院來說，外國法係具有「法律性」的「事實」存在。無論如
何，將外國法之性質定性爲「事實」或「法律」這種絕對二元的
分類，從臺灣的立法制度上來看，確實有相當的困難度。

　　本文認爲，從民法第1條「民事，法律所未規定者依習慣，
無習慣者依法理」的規定看來，在判斷內國法官適用外國法的問
題上，應認爲其情形相當於內國法官對於「法理」的適用。亦
即，內國法官所適用的並非形式上的外國法，而係外國法所具
有的，與內國公共政策相符的法理內容。因此，適用外國法的概
念，仍與適用內國法的概念有著些許的差異，並且在某種程度
上，因爲適用外國法仍受到內國公共政策的控制與拘束，使得這
種外國法與內國法實質內容間之差異界線往往變得模糊，而難以
辨別。也因此，內國法官適用外國法，並不等同於承認外國法的
效力能夠延伸至域外，事實上此時內國法官所適用的外國法是被
內國法律體系所接受的「法理」，就其本質而言，仍然是內國法

---

[15]　P. Mayer et V. Heuzé, Droit International Privé, Montchrestien, 11e éd., 2014, n° 179.

律體系所認同的價值。**內國法官應該是有目的地適用外國法，而
非盲目的適用**，這種具備目的的外國法適用方式，與內國民主體
系下的民事法理相互一致，如此才能證成內國法官適用外國法具
備合理性基礎，同時也遵守了一國之法律僅在其領域上具有效力
的屬地主義基本原則。

二、外國法適用之範圍

在外國法適用之範圍這個問題上，有兩點是必須釐清的。首
先，是如何確認外國法律體系的範圍，以確認外國法是否被內國
法官「正確地」適用，於此所牽涉者，為反致理論的問題；其
次，則是如何確認具體適用之外國法的內容，以創設或確定當事
人間之權利義務關係，於此所牽涉者，則為外國法內容之證明的
問題。

(一) 外國法律體系範圍的確認

當準據法為外國法時，所指引的「外國法」究竟其範圍到何
處？首先，與內國法律體系相同者，外國法律體系的範圍不僅
限於成文法源，其他不成文法源例如習慣、法理、判例、學說
等，凡用以支持外國法律之施行與適用者，應當亦屬於外國法律
體系範圍之內[16]。我國最高法院94年度台抗字第81號民事裁定即
認為：「按涉及外國人及大陸地區人民之民事事件，依內國法規
定應適用外國法或大陸地區法律時，內國法院應適用當時有效之

---

[16] 鄭玉波著，黃宗樂修訂，法學緒論，三民，2018年，頁23。

外國法或大陸地區法律之全部，除制定法、習慣法外，其判例亦
應包括在內。」

　　外國之衝突法則（國際私法）作爲外國成文法源的一部
分，涉及到外國法院應如何適用法律，解決其涉外案件之重要依
據。因此，考慮到外國法律體系如何評價涉外案件之立場，在適
用外國法時，似乎亦應考慮該外國之國際私法，將外國之國際私
法視爲屬於外國法律體系範圍之一部。而此一問題，即涉及國際
私法上有關反致理論的辯論。

　　反致理論的基礎，在於內外國國際私法因連繫因素規定、定
性或管轄的差異情況下[17]，考慮到內國法官依據內國之衝突法則
指示適用外國法時，是否應當包含外國之國際私法在內：若包
含，則生反致之問題；若不包含，則無反致之問題[18]。支持反致
理論的理由，主要著眼於外國法適用的完整性[19]。反致並非「放

---

[17]　王海南，論國際私法中關於反致之適用，收錄於馬漢寶教授八秩華誕祝壽論文
集：法律哲理與制度—國際私法，元照，2006年，頁1-34；林恩瑋，國際私法
理論與案例研究（1），五南，2016年，頁121-154。我國從法務部70年度律字
第7354號函開始，將管轄的差異列爲反致原因（學理上稱爲「隱藏的反致」）
之判決不在少見，主要見於收養或認領等家事案件。例如臺灣臺南地方法院
101年度司養聲字第249號民事裁定謂：「經查，本件收養人賴瑞・歐文・克萊
曼（Larry Irwin Kleiman）爲美國人、收養人林姚娟（即珍・姚娟・林Jane Yao-
Chuan Lin）及被收養人乙○○爲中華民國人，有護照影本二件及戶籍謄本一
件、全戶戶籍資料查詢結果表一件附卷可稽，是揆諸上開規定，本件收養即應
適用美國法及我國法。惟美國國際私法關於收養事件，係採法院地法，有法務
部70年度法律字第7354號函可參，依反致規定，仍應以我國法爲準據法，合先
敘明。」即爲一例。

[18]　L. Collins, Dicey and Morris, The Conflict of Laws, London Sweet & Maxwell, 13th
ed., 2000, pp. 65-66.

[19]　同樣的理由，在支持將「先決問題」（question préalable）適用「主要問題準據
法國之國際私法」的學者，其同樣主張這樣的考慮是基於尊重外國法體系的完

棄」內國法而適用外國法，因爲外國之衝突法則的適用，同樣來
自於內國衝突法則的指定。易言之，外國之衝突法則應被視爲外
國法體系中的一部分，因此內國法官適用外國法時，亦應考慮外
國法體系下其衝突法則如何就本案指定準據法，以求尊重並調和
（coordination）外國法體系與內國法體系間之差異與衝突[20]，特
別是當內國國際私法規定與外國國際私法規定所採取之法律適用
原則有相當差異時（連繫因素規定的衝突）[21]。

　　如果以調和的觀點理解反致理論，則「外國法院理論」
（foreign court theory）理應較部分反致理論更能夠達成法制調
和的目的[22]。所謂外國法院理論，即將內國法院法官假設其爲外
國法院法官處理本案之情形，而依外國法院之法官所可能引用之
法律（包括內國法、該外國法或其他外國法）爲判決的法律適用
方式。不過，在實際操作上，外國法院理論有相當的困難度，一
來通常我們無法要求法官對於外國法院之判決均能進行準確的預
測，亦無法要求法官能夠精通兩個以上國家的法律；二來這個理

整性。林秀雄，論國際私法上之先決問題，收錄於馬漢寶教授八秩華誕祝壽論
　　文集：法律哲理與制度—國際私法，元照，2006年，頁255-269。

[20] 相同見解，參照H. Batiffol et P. Lagarde, Droit International Privé, Paris, LGDJ, I,
　　8e éd., 1993, n° 304。

[21] 例如在屬人法事項中，英國法過去傳統上以住所作爲連繫因素，而法國法則是
　　國籍。當住所在法國的英國人因涉外屬人法事項在英國涉訟時，英國法官依其
　　國際私法規定，適用住所地法，即法國法。而此時因爲英法兩國在國際私法上
　　關於屬人法事項所採取的原則差異，使得案件如果在英國法院提起，將適用法
　　國法，如果在法國法院提起，則將適用英國法。爲了防止當事人在英、法兩國
　　法院間產生選購法院之情形，鼓勵英國法適用反致理論，將本案適用英國法，
　　主要就是在調和此一內外國國際私法差異的現象。林恩瑋，同前註17，頁130。

[22] 或稱「雙重反致」（double renvoi）、「完全反致」理論。參考陳隆修，比較國
　　際私法，五南，1989年，頁105。

論在邏輯上可能會掉入如Bartin所說的「惡性循環」中，當內國
衝突法則與所指定之外國衝突法則均採取外國法院理論之情形
下，反致將永無休止，成為Buzzatin所稱的「國際網球賽」（le
jeu de tennis international）[23]。因此，比較合理並可操作的反致
方式，立法上仍係以部分反致（partial renvoi）的模式為主[24]。

　　我國涉外民事法律適用法第6條規定：「依本法適用當事人
本國法時，如依其本國法就該法律關係須依其他法律而定者，應
適用該其他法律。但依其本國法或該其他法律應適用中華民國法
律者，適用中華民國法律。」此一規定具有以下特色：

1. 就反致之種類而言，條文不但採取了一級反致（直接反致）
　 與二級反致（轉據反致），在但書中並包含了「間接反致」
　 （依其本國法就該法律關係須依其他法律，該其他法律應適
　 用中華民國法律）的型態。間接反致的型態在實務上相當少
　 見，並且對法官而言，必須要充分理解兩國以上的衝突法
　 則，才能夠正確運用，其實用性究竟如何，是否具有調和內
　 外國法律之功能，值得懷疑。

2. 就反致適用的條件而言，條文雖限於「依本法適用當事人本
　 國法時」。但在司法實務上，卻有判決將反致適用於其他類
　 型案件者。例如在臺灣高等法院107年度重上更一字第6號民
　 事判決中，臺灣人A以遺囑將其土地物業及銀行存款贈與香

---

[23] H. Batiffol et P. Lagarde, *supra note* 20, n° 301.

[24] 法國學者多將部分反致分為一級反致與二級反致兩種型態，一級反致即為直接
反致，二級反致即為轉據反致之型態。法國學者Batiffol認為，實際上二級反
致的原理與外國法院理論相近。參考H. Batiffol et P. Lagarde, *supra note* 20, n°
308。

港人B，系爭遺囑雖被臺灣法院認為因欠缺臺灣民法規定遺囑之形式要件而無效，B在訴訟中主張若A知系爭遺囑無效者，即欲為死因贈與法律行為，是系爭遺囑法律行為亦得轉化為死因贈與法律行為，請求法院依據死因贈與契約之約定移轉系爭土地物業權利及銀行存款予B。臺灣高等法院民事第21庭審查結果，認為本件死因贈與契約當事人並未約定準據法，因此適用涉外民事法律適用法（舊法）第6條第2項之規定，以行為地（即香港）法作為死因贈與契約之準據法，進而認為：「按香港現行的法律原則，餽贈者（臺灣居民）與受贈者（香港居民）在香港境內以口頭形式訂立在臺灣境內的贈與物為標的物之餽贈契約，而該標的物涉及臺灣的土地物業及銀行存款等的有價證據的話，即**餽贈契約是否有法律效力，應當以標的物之所在地，臺灣的法律原則來決定**（重上卷第59至64頁）。此為上訴人所不爭執，則**關於本件死因贈與契約之成立及其效力之認定，依前開第29條反致之結果，應適用中華民國法律決之**[25]。」即屬一例。

　　不過，大部分的臺灣法院判決，在適用反致規定時，仍注意到條文中的限制條件。迄目前為止，本文於網站上所搜尋到的相關臺灣法院判決，適用反致規定者，多見於涉外人事訴訟事件。例如臺灣高等法院107年度重上更一字第6號民事判決，原告香港人A，與臺灣人B結婚（B原有二女C、D），B死亡後，長女C拋棄繼承，由次女D與A共同繼承。本案涉及夫妻財產制剩餘財產分配之問題，依據涉外民事法律適用法（舊法）第13

---

[25]　粗體字部分為本文作者自行加上。

條第1項規定，應適用夫A之本國法，即香港法，而「香港地區
並無成文化之國際私法，法律體系承襲英國法，而英國法關於涉
外夫妻財產之準據法，依A所引用曾陳明汝教授所引介之英國國
際私法，乃認：『於普通法國家例如英國及美國傳統的婚姻財產
選法原則，分別適用法被認為是與多數的大陸法係單一婚姻財產
的國際私法原則相衝突，亦即，屬人法是適用在婚姻財產的動產
（movable property）及不動產（immovable property）。國際私
法的分別適用法中，動產適用婚姻住所地法，不動產則適用物之
所在地法』（見原審卷(二)第206頁），是婚姻財產之準據法，
於香港地區所適用之英國法制，動產應適用婚姻住所地法，本件
B於法定財產制消滅原因發生時，其所有之財產為存款、股票，
股票為動產固無疑義，存款雖屬對金融機關之消費寄託債權，
惟本質上仍屬動產（金錢）之保管，解釋上應與英國法制上所
謂之movable property為相同之解釋，並適用同一選法原則，以
婚姻住所地法為準據法。而A與B之婚姻住所地，A主張係臺灣
地區，D於原審亦認『雙方有以臺灣為共同經營婚姻生活地之合
意』（見原審卷(二)第140頁），是A與B之婚姻住所地為臺灣地
區，應可認定。」故「A主張行使夫妻剩餘財產分配請求權，性
質上為夫妻財產制事件，依港澳條例第38條、涉外民事法律適
用法第62條、修正前涉外民事法律適用法第13條第1項、**第29條
但書規定**[26]，應以我國法為準據法。」即為一例。

　　無論如何，在外國法適用範圍的問題上，於有條件接受反致
理論的臺灣國際私法立法中，至少涉及屬人法事項問題時，應當

---

[26] 即反致之規定。為求行文簡潔，判決本文中人名均以ABCD替代。

包含外國之國際私法（衝突法則）在內，惟從反致的功能上而言，本文認爲「直接反致」或「轉據反致」或許還具有調和內外國衝突法則差異之作用，但「間接反致」在實際上操作有相當困難，並且過分擴大了法院地法適用的範圍，是否在立法上有必要如此規範，似值檢討。

(二) 外國法內容之證明

在訴訟進行中，內國法院應如何確認具體適用之外國法的內容，涉及外國法內容之證明問題。邏輯上來說，如將外國法之性質認爲係事實時，則事實問題有待當事人主張，亦有待當事人提出證明，法官對外國法內容如何存在之「事實」，並無知悉之義務；反之，如果認爲外國法之性質爲法律，則法官有知法之義務，應依職權調查外國法之內容，而不待當事人提出外國法內容之證明。

不過，正如同對於外國法在定性上究竟是「事實」還是「法律」此一問題所遇到的困難，在各國司法實務運作上，對於外國法內容之證明與外國法之性質二者間，亦不存在必然的邏輯關係。例如英國法院，雖然將外國法認爲是一種特別的事實，除非兩造同意交由法官調查，原則上應以合適的證據，例如由適格的證人（專家）證明之[27]。不過，何謂適格的證人？往往存在爭議。在Bristow v. Sequeville案中，英國法院認爲僅僅在外國留學研讀法律，並未實際在外國執業的證人，仍不具備外國法「專

---

[27] L. Collins, Dicey and Morris, The Conflict of Laws, *supra note* 18, p. 225.

家」之資格[28]。

　　一般來說，由主張適用外國法的當事人，負擔外國法內容之
舉證責任[29]，外國法之內容不得僅以提出文本，或是僅引用外國
判決及教科書證明之。上開文件僅能作爲外國法證明衆多證據資
料之一，供法官參考。而在Parkasho v. Singh案中，英國法院認
爲檢驗外國法證據以及決定該外國法證據是否能使法院判決結
果合法，是法院（官）的責任[30]。並且在1981年的最高法院條例
（Supreme Court Act）第69(5)條中，明文規定：「凡由法官與
陪審團處理高等法院審理之任何訴訟或其他事宜，有必要確定
適用於案件事實的任何其他國家的法律，關於該法律所給予之
證據效力的任何問題，不應由陪審團決定，而應由法官單獨決
定[31]。」亦即，形式上雖然外國法適用問題會被提出於陪審團，
但實際上對於外國法適用問題，包括外國法內容的確認，最後決
定權還是在法官。

　　在法國法院方面，對於外國法內容之證明，一般的原則爲法
國法官並無職權適用外國法之義務，必須待當事人提出並證明
外國法之內容後，法國法官始有可能斟酌（loisible）是否適用

---

[28]　P. M. North and J. J. Fawcett, Cheshire and North's Private International Law, Oxford, 13th ed., 2004, p. 103.

[29]　L. Collins, Dicey and Morris, The Conflict of Laws, *supra note* 18, p. 232.

[30]　Parkasho v. Singh, 1968, pp. 233, 250.

[31]　原文爲：「Where for the purpose of disposing of any action or other matter which is being tried in the High Court by a judge with a jury it is necessary to ascertain the law of any other country which is applicable to the facts of the case, any question as to the effect of the evidence given with respect to that law shall, instead of being submitted to the jury, be decided by the judge alone.」參考網址：https://www.legislation.gov.uk/ukpga/1981/54，2021年7月7日。

外國法。舉證責任方面，在Bisbal案1988年被推翻前[32]，法國法院傳統上認爲外國法內容之證明應由主張適用外國法的當事人（通常爲原告）負擔舉證責任，法國法官得適用外國法，但並非義務。一般用以舉證外國法內容的方法，得由當事人提出「習慣證明」（certificat de coutume）一類的文書證明之[33]，如原告無法證明外國法的內容，法國法院之做法常常繫於原告之態度而定，若原告爲善意（bonne foi）並已經盡力證明外國法，而外國法之內容仍無法或難以獲得證明時，則法國法院此時會轉而適用法國法處理本案；如果原告爲惡意（mauvaise foi），或無法就其不能證明外國法之內容提出任何合理的辯解時，則法國法院將會駁回原告之訴。

　　1988年後，法國最高法院在1988年10月11日Rebouh案與10月18日Schule案的判決中[34]，將這項舉證責任更細緻化。外國法之證明依當事人訟爭中主張之權利爲可自由處分的權利（droit disponible）或不可自由處分的權利（droit indisponible）而有不同的舉證責任分配方式。在可自由處分的權利（例如債權）方面，舉證責任仍歸屬於主張適用外國法的當事人，由其證明外國法規定與法國法規定之間之差異性；而在不可自由處分的權利

---

[32] *Rev. Crit. DIP* 1960, p. 62, note Batiffol; *JDI* 1960, p. 810, note Sialelli; *D.* 1960, p. 610, note Malaurie.

[33] 在歐洲國家間，1968年6月7日並簽訂了歐洲外國法資訊公約（Convention européenne dans le domaine de l'information sur le droit étranger），在14個簽署國中，就民事與商事事件明定了相互協助提供法律資訊的各國單位。參考網址：https://rm.coe.int/168007234f，2021年7月7日。

[34] *Rev. Crit. DIP* 1989, p. 368; *JDI* 1989, p. 349, note Alexandre; *JCP* 1989, II, p. 21327, note Courbe, *GA* nos 74 et 75.

（例如能力、身分、繼承權）方面，則認為法國法官有職權尋
求外國法內容之義務，且法官在必要時有義務依職權尋找出案件
的外國準據法（包括適用外國的衝突法則）[35]。不過，法國最高
法院於2005年6月18日的兩個判決中[36]，又揚棄了這種二分的方
式，而認法國法官無論是依職權或是依當事人請求，均有責任確
認外國法律得否適用，並在當事人協助下確認外國法的內容，從
中提供案件的解決方案。

　　在臺灣法院方面，我國民事訴訟法第283條規定：「習慣、
地方制定之法規及外國法為法院所不知者，當事人有舉證之責
任。但法院得依職權調查之[37]。」立法理由謂：「查民訴律第
343條理由謂本國之現行法，為審判衙門所應知者，故當事人毋
庸證明。若外國之現行法及慣習法，則非審判衙門所當知者，故
當事人應證明審判衙門所不知之外國現行法及慣習法，例如提出
領事之證明書是也。調查外國現行法及慣習法，與調查事實不
同，應令審判衙門得自由調查，其調查範圍，不可以當事人所提
出之證據為限。故審判衙門除自行調查外，遇有必要，得咨託法
部代為調查。又查民訴條例第324條理由謂自治法，例如自治團
體制定之條例規則，亦非為審判官者所能悉知，故亦使當事人負

---

[35] P. Mayer et V. Heuzé, *supra note* 15, n° 182.

[36] Civ. 1re, 28 juin 2005 et Com. 28 juin 2005, *Rev. Crit. DIP* 2005, p. 645, note B. Ancel et H. Muir Watt.

[37] 本條於2000年1月15日曾於文字上略微修正，原條文：「習慣、地方制定之法
規及外國現行法為法院所不知者，當事人有舉證之責任。但法院得依職權調查
之。」修正後刪除「現行」二字，修正理由為：「法院審理民事事件，依國際
私法之規定以外國法為依據時，不以該外國之現行法為限，亦有依據非屬現行
法之行為時法，爰刪除原條文中『之現行』三字，俾資因應。」本文所引之立
法理由是1935年2月1日之說明。

舉證之責任（德293、日219、奧271、匈268）。」立法者明白
指出外國法之性質與「事實」不同，因此調查範圍不以當事人所
提出之證據爲限，法官亦得依其職權，自由自行調查適用的外國
法內容[38]。

　　我國最高法院在涉外案件適用之準據法爲外國法時，對於
外國法內容的證明程度，仍有相當的要求。最高法院103年度台
上字第1039號民事判決即認爲：「按涉外民事事件，如所適用
之準據法爲外國法者，法院就其認定之事實爲涵攝時，**應說明
足以使當事人之權利義務發生、變更、抑制或消滅之外國法爲
何**？俾資以判斷其經由涵攝所獲致之結論是否正確，**不宜僅憑
我國法之概念作爲論斷之基礎**，否則即屬判決不備理由。」並
且，對於法院如有未盡調查外國法內容之情形，亦認爲屬裁判
違法之情形，例如最高法院97年度台抗字第11號民事裁定即認
爲：「惟原法院就中華民國人在印尼國得否受訴訟救助一節，
似未曾命再抗告人說明舉證，亦未依職權爲任何調查，遽以再
抗告人未爲釋明，遽認其聲請不應准許，而裁定駁回其抗告，
自有可議，於法難謂無違。」最高法院98年度台上字第447號民
事判決並指出：「原審亦認本件應適用以色列法。而本件似爲
雙方契約解釋之爭議，原審亦認依上訴人所提之以色列律師Erez
Tikolsker之法律意見第9點，足認以色列非無相關法律或法院案
例可供上訴人提出。**原審審判長未予闡明本件應適用以色列何部
分法律或判例，命其敘明或補充，遽而判決，不無違反闡明義**

---

[38] 不同見解，如藍瀛芳律師認爲，本條之立法「頗有偏向事實論的折衷」，因此
當事人還是負有完全舉證的義務，法院僅是「得」依職權調查。藍瀛芳，國際
私法導論，自刊，1995年，頁75。

務，訴訟程序已有重大瑕疵。」進一步地要求法官就當事人應具
體敘明或補充之外國法內容究竟為何，負有闡明之義務[39]。

　　然而，無論是立法或司法實務判決，對於法官或當事人無法
確認外國法內容時，應該逕行駁回原告之訴，或為不利於主張外
國法當事人之裁判，還是應當適用法院地法，作為外國法之替代
等，似均無明確指示。立法例上不乏主張適用法院地法者，例
如比利時2004年國際私法典第15條規定：「本法指定之外國法
的內容由法官定之。適用外國法根據外國的解釋（第1項）。當
法官無法確認外國法內容時，得由訴訟當事人協助之。當顯然無
法即時確定外國法內容時，則適用比利時法（第2項）[40]。」中
國大陸涉外民事關係法律適用法第10條：「涉外民事關係適用
的外國法律，由人民法院、仲裁機構或者行政機關查明。當事
人選擇適用外國法律的，應當提供該國法律（第1項）。不能查
明外國法律或者該國法律沒有規定的，適用中華人民共和國法

---

[39] 違反闡明義務而為判決，即被認為訴訟程序有重大瑕疵，所為之判決即屬違背
法令。最高法院43年台上字第12號民事判例要旨：「按民事訴訟法第199條第2
項規定，審判長應向當事人發問或曉諭，令其為事實上及法律上陳述事實、聲
明證據或為其他必要之聲明及陳述，其所聲明或陳述有不明瞭或不完足者，應
令其敘明或補充之，此為審判長因定訴訟關係之闡明權，同時亦為其義務。故
審判長對於訴訟關係未盡此項必要之處置，**違背闡明義務者，其訴訟程序即有
重大瑕疵**，基此所為之判決，自屬違背法令。」可資參照。

[40] 原文為：「Article 15 §1er. Le contenu du droit étranger désigné par la présente
loi est établi par le juge. Le droit étranger est appliqué selon l'interprétation reçue à
l'étranger. §2. Lorsque le juge ne peut pas établir ce contenu, il peut requérir la col-
laboration des parties. Lorsqu'il est manifestement impossible d'établir le contenu du
droit étranger en temps utile, il est fait application du droit belge.」參考網址：http://
www.ejustice.just.fgov.be/cgi_loi/change_lg.pl?language=fr&la=F&cn=2004071631
&table_name=loi，2021年7月7日。

律（第2項）。」以及瑞士1989年聯邦國際私法第16條：「外國法之內容應依職權調查，為達此目的，得要求當事人協助，在財產案件，得課當事人證明之責任（第1項）。如外國法之內容無從證明，適用瑞士法（第2項）⁴¹。」等，均為著例。除此之外，亦有主張以較近似（le droit le plus proche）之國家法律替代者，例如德國法院及日本法院之判例即曾採之⁴²，但何謂近似法？意義不甚明確，亦多有爭議，近似法是否當然與系爭之外國法內容一致，亦難證明；或有主張以法院地之習慣及法理判斷者，我國國際私法學者將之稱為「法理說」⁴³，惟系爭內容不明之外國法法理，是否與法院地之習慣與法理相同？不無疑問，從另一方面而言，如適用法院地之習慣及法理，又與適用法院地法有何差異？

　　因此本文認為，參考上開各國立法例，將法院地法作為外國法之替代，於外國法內容不明的情況下，或當事人與法院證明外國法內容確實有困難，並且無法對於當事人之主張進行及時之判決時，並非不合理之法律適用方式。相對地，這種以法院地法作為輔助法規適用的方式，要好過讓法官陷入另一個不確定的情況，盲目適用其所不熟悉之國家法律的情形，也較能維護判決的合理性與可預測性。

---

⁴¹ 原文為：「1. Le contenu du droit étranger est établi d'office. A cet effet, la collaboration des parties peut être requise. En matière patrimoniale, la preuve peut être mise à la charge des parties. 2. Le droit suisse s'applique si le contenu du droit étranger ne peut pas être établi.」參考網址：https://www.admin.ch/opc/fr/classified-compilation/19870312/index.html，2021年7月7日。

⁴² P. Mayer et V. Heuzé, *supra note* 15, n° 184.

⁴³ 參考劉鐵錚、陳榮傳合著，國際私法論，三民，2018年，頁210。

三、外國法適用之控制

關於外國法適用之控制，可從兩個方面思考此一問題：首先
爲下級審法官適用外國法之見解（即對於外國法之解釋），上級
審法官是否受拘束？反之，上級法院對於外國法適用之意見，是
否拘束下級審法院？其次，對於下級法院外國法適用之錯誤，上
級法院應如何處理？內國之最高法院是否有統一解釋外國法適用
之權限？

幾乎所有允許適用外國法的國家法院均同意，爲了避免錯誤
地扭曲外國法的內容，應該盡量依照外國法自己本身之判例、解
釋與慣例適用外國法，而不得僅依照法院地法的判例、解釋與慣
例爲之。前開我國最高法院94年度台抗字第81號民事裁定即明
確指出，內國法院對於外國法之解釋「應以該外國或大陸地區之
法院所爲解釋爲依據，並應考慮其判例、習慣等不成文法，不得
以內國法院解釋內國法之原則對之爲解釋」。

然而，對於外國法內容的證明，司法實務運作上往往還是依
靠專家證人的證言，或是專家所出具的文書（例如法國的「習慣
證明」）作爲證明之基礎。英國法院的實務慣例是，當專家證人
的證言並無明顯的錯誤或是顯得荒謬，即使該專家證人的證言
並未經過詰問程序，英國法官仍傾向接受專家證言的意見，並
依此據以認定外國法的內容[44]，僅在專家證言之間產生矛盾衝突
時，英國法官才會依據所得之相關證據自行對系爭外國法做出
解釋。而在上級審方面，因爲傳統上英國法院將外國法以「事

---

[44] P. M. North and J. J. Fawcett, *supra note* 28, p. 104.

實」看待，因此上級審法院很少會去干涉下級審法院所認定之「事實」（包括對於外國法之解釋），僅在很少數的情況，例如當下級審法院對於外國法的看法與兩造專家證言均有所違背時，上級審法院才會介入審查[45]。

法國最高法院在傳統上拒絕檢驗承審法官對於外國法之解釋，一如對於事實的認定[46]，下級審法官所認定的外國法內容的「事實」，法國最高法院通常不會去介入評斷[47]，對於外國法內容的解釋，也是如此，就如同法國最高法院法官不會對於下級審法院法官就當事人間的契約內容如何解釋予以干涉一般，下級審法官對於外國法內容如何解釋，原則上法國最高法院也不會干涉。法國最高法院拒絕檢驗下級法院對於外國法的解釋還有另一個理由，在於擔心法國最高法院的解釋如果與外國法官的解釋不同，將使得法國最高法院處於一種進退兩難的窘境，因此宜靜不宜動。在對於外國法的解釋問題上，法國最高法院的態度向來是相當謹慎的，百年來僅有寥寥可數的幾個案件[48]。

不過，在契約爭議的領域，1967年11月21日法國最高法院第一民事庭做出Montefiore一案判決後[49]，對於下級審法院明顯錯誤解釋外國法的情形，法國最高法院原先謹慎不介入的態度也

---

[45] Grupo Torras SA and Torras Hostench London Ltd v Sheikh Fahad Mohammed Al-Sabah, 1996, 1 Lloyd's Rep7 at 18, 23, CA.

[46] 儘管在1993年的法國最高法院判決中，外國法令已被定性為「法規」（règle de droit）性質。

[47] Y. Loussouarn, P. Bourel et P. de Vareilles-Sommières, *supra note* 4, n° 243-245.

[48] Y. Loussouarn, P. Bourel et P. de Vareilles-Sommières, *ibid*, n° 245.

[49] Cass. Civ. 1re, 21 nov. 1961, *Rev. crit. DIP* 1962, p. 329, note P. Lagarde; *JDI* 1962, p. 686, note B. Goldman; *JCP* 1962, II, p. 12521, note Louis-Lucas.

有所轉變。Montefiore案涉及到剛果共和國獨立前後外國法律適
用的問題，下級審巴黎法院與法國最高法院對於系爭案件應該
適用1907年11月20日的割讓條約還是1908年10月18日的比利時
法認定契約之債務人，有不同的見解。本案中，法國最高法院
認爲1907年的條約僅規範國家繼承問題，並不涉及國家與個人
之間的關係，巴黎法院明顯錯誤曲解（dénaturation）適用外國
法，因而例外地糾正巴黎法院關於本案應適用1907年條約的意
見。近來，在2003年的案件中，法國最高法院並進一步將對於
外國法的解釋控制範圍，擴大到下級法院曲解外國法院判例的情
形[50]。

　　臺灣國際私法學者間，幾乎均認爲上級法院有控制下級法院
解釋外國法之權限。梅仲協教授認爲，法院判決對於外國法誤
其解釋，或爲不當之適用，應認爲判決違背法令，因此項判決
「對於涉外民事法律適用法所規定之準據法，適用不當，於法令
有所違背耳[51]」。馬漢寶教授亦主張此說，認爲：「如適用外國
法有不當時，即係間接違反內國國際私法，不失違背法令；自應
許其上訴[52]。」曾陳明汝教授認爲：「外國法引用錯誤或解釋錯
誤，與外國法之拒絕適用，其結果亦同爲違背法令，因之，外
國法解釋錯誤，應與外國法適用錯誤，同樣均爲構成上訴之理
由。如斯才能矯正外國法適用之不當。此一說當以贊成說較爲妥

[50] Cass. Civ. 1re, 3 juin 2003, *Société nationale de recouvrement*, JDI 2004, 520, note
Mélin, *Gaz. Pal* 2003, 16-18 nov., n° 320-322, note M.-L. Niboyet. 並參考D. Bureau
et H. Muir Watt, Droit International Privén, Tome I, 4e éd., *PUF* 2017, n° 445。
[51] 梅仲協，國際私法新論，三民，1990年，頁203。
[52] 馬漢寶，同前註9，頁215；同樣見解，參考林益山，國際私法與實例解說，自
刊，2004年，頁193。

當[53]。」劉鐵錚教授、陳榮傳教授則認爲外國法適用之錯誤亦爲法律適用之錯誤，但這種法律適用錯誤並非對於內國法之直接或間接之違反，故此一問題雖然結論上亦同樣認爲對於外國法適用錯誤應許其上訴最高法院，但在理由的闡釋應著重於最高法院之功能，認爲最高法院「非僅爲內國法律之適用者而已，其乃法律秩序及實體正義之守護者」，「任何在判決的三段論法中，立於大前提地位之事項之錯誤，均應由最高法院控制之，尤其在三級三審制度之下，當事人所得享受之審級利益，亦不因其案件之性質爲涉外案件，即被剝奪[54]」。而臺灣司法實務上，最高法院對於下級審法院解釋外國法錯誤之相關判決非常有限，本文遍查法源法律網及Lawsnote七法等資料庫[55]，並未搜尋到主張下級法院扭曲解釋外國法爲判決違背法令上訴最高法院之直接相關案件。

　　本文認爲，從內國法律秩序的管控的觀點來看，內國最高法院不僅應對於準據法的選擇，檢視是否符合內國立法所制定的衝突法規，並且對於衝突法規所指引的準據法是否能夠達成個案具體正義，亦應有進一步指示之必要。質言之，對於外國法（或其相關之法源，例如外國判例）之正確解釋，涉及外國法之正確適用，亦影響事實上個案正義是否確實可經由衝突法則之指引而達成。因此，從演繹推理（raisonnement déductif）的角度來說，內國之最高法院應有統一解釋外國法適用之審查權限；然而，從現實主義（réalisme）來說，這種權限仍應該被極爲謹愼

---

[53] 曾陳明汝，國際私法原理（上集），學林，2003年，頁284。

[54] 劉鐵錚、陳榮傳合著，同前註43，頁215。

[55] 以關鍵字「外國法」、「解釋」及「涉外」等查詢最高法院民事判決。

地使用，至少應該認為，內國最高法院僅在客觀上下級法院明顯
地曲解了外國法的內容時，才被允許行使這項法規適用的審查
權。

參、外國法適用之例外

　　所謂外國法適用之例外，即原則上內國法官依據內國衝突法
則之指示，適用外國之法律體系，而於例外時，得迴避內國衝突
法則之指示，以原定案件準據法以外之國家法律作為處理案件的
解決方案。在此例外的情形有二：一為適用外國法之結果，有違
反內國之公共秩序及善良風俗者；二為當事人意思排除內國衝突
法則，而適用其他國家之法律者。

一、公序良俗條款及公序效力之減弱

　　內國法官得以公序良俗條款排除外國法之適用，幾已為國際
私法學上之定論。而所謂公共秩序（l'ordre public）的具體內容
究竟為何，則為不確定法律概念，有待司法實務判決將之具體
化，於個案中進行解釋與補充。由於公序良俗條款屬於對內國法
院法律適用控制的保留權力，應如何使用完全交由各國法院自主
決定，因而有「脫韁之野馬」（unruly horse）之稱[56]。

　　我國國際私法學者論及公序良俗條款時，通說認為係外國法

---

[56] 陳隆修，同前註22，頁119以下參照。

適用之例外，涉外民事法律適用法所採取的爲直接限制方式，並且僅限於外國法在內國適用之結果有背於內國法之公序良俗者爲限。良以涉外民事法律適用法（舊法）第25條規定：「依本法適用外國法時，如其**規定**有背於中華民國公共秩序或善良風俗者，不適用之。」立法理由謂：「本條意旨與原條例第1條大致相同，在明定**外國法有背於中國之公共秩序或善良風俗者，均應排除其適用，以示限制**。所謂公共秩序，不外爲立國精神及基本國策之具體表現，而善良風俗乃發源於民間之倫理觀念，皆國家民族所賴以存立之因素，法文之規定，語雖簡而義極賅，俾可由執法者體察情勢，作個別之審斷。」因此而生究竟第25條所規定者係對於外國法內容之限制，還是對外國法適用結果之限制問題。我國國際私法學者通說採後者，惟何謂外國法適用之結果？有謂「就個別事件適用外國法而**產生之效果**，加以審查，以定是否有背我國公序良俗[57]」者，亦有謂「僅限於外國法在內國適用係在**創設新的法律關係**而有違內國公序良俗時，始能適用該排除條款[58]」。解釋用語雖非完全一致，但對於內國公序良俗條款所排除之對象，則一致認爲並非外國法之規定本身。

　　涉外民事法律適用法修法後，將原先列於第25條之規定轉列於第8條，並修正條文內容爲：「依本法適用外國法時，如其**適用之結果**有背於中華民國公共秩序或善良風俗者，不適用之。」立法理由稱：「按關於外國法適用之限制，現行條文係以『其規定』有背於中華民國公共秩序或善良風俗爲要件，如純從

---

[57] 馬漢寶，同前註9，頁224。
[58] 曾陳明汝，同前註53，頁286。

『其規定』判斷，難免失之過嚴，而限制外國法之正當適用。爰
將『其規定』一詞修正為『其適用之結果』，以維持內、外國法
律平等之原則，並彰顯本條為例外規定之立法原意。」明文採取
通說之見解。然而，本文認為，即便理論上吾人可同意外國法
「適用之效果」係法庭地公序良俗條款排除之對象，在實際的案
例上，何謂外國法適用之效果？有時候亦甚難區分。即以學者所
舉多妻制問題為例，如外國人夫之本國法認許一夫多妻制，則於
第二妻之子對該外國人夫死亡後遺留我國之財產主張繼承時，我
國法院應適用該認許多妻制之外國法，以判斷其子究竟有無繼承
權，因為解釋上此時適用外國法之效果（子繼承父之遺產）對於
我國公序良俗並無違反之虞；但如果第二妻在我國境內主張依其
有效之婚姻請求外國人夫履行同居義務，則適用外國法之結果
（重婚之配偶履行同居義務）將有背於我國公序良俗[59]。成問題
者，在前一種情形，適用外國法的結果不也相當於承認「重婚
之後婚為有效之婚姻」（否則第二妻之子根本無繼承權）之前
提？如此這種重婚效力之承認，果真無違反我國之公序良俗？實
值斟酌[60]。

　　實則在適用法庭地公序良俗條款排除外國法之適用時，尚有
一問題需思考者，為已在外國依外國法取得之合法權利，是否也
受法庭地公序良俗條款排除之適用？亦即法國國際私法學者所稱
「公序效力之減弱」（l'effet attenué de l'ordre public）[61]。例如

---

[59] 馬漢寶，同前註9，頁225。
[60] 林恩瑋，同前註17，頁100。
[61] 柯澤東教授將之稱為國際公序適用之「萎縮效果」。柯澤東著，吳光平增修，
　　同前註3，頁163。

法國最高法院1860年的Bulkley案[62]，關於訴訟當事人在荷蘭依荷蘭法宣告離婚之事件，儘管當時的法國法律禁止離婚，法國最高法院仍認為該依據荷蘭法在荷蘭進行之離婚應屬有效。在1953年的Rivière案中[63]，法國最高法院更明白指出，法庭地公序良俗條款之排除與公序效力之減弱的考慮是不一樣的，前者為是否得阻礙當事人在法國依法國法取得權利之問題；後者則是對於在國外無欺詐情事取得之既得權是否得在法國發生效力之問題。易言之，法庭地之公序良俗條款原則上僅對於在法庭地發生之權義關係有適用之餘地，而對於在法庭地以外之國家所發生之法律關係，則應該考慮公序效力之減弱，亦即是否尊重在外國之既得權問題。我國司法實務判決目前並未援引公序效力之減弱原則，將來如發生類似事件時，似可考慮酌情適用此一原則，以維護個案正義[64]。

　　另一問題為，適用法庭地公序良俗條款排除外國法之適用後，應以何法代替之？臺灣國際私法學者幾絕大多數均認為不宜

---

[62] Civ. 28 févr. 1860, S: 1860.1.210, concl. Dupin, D.P.

[63] Civ. 17 avr. 1953, *Rivière*, *Rev. crit. DIP* 1953.412, note Batiffol; *JDI* 1953.860, note Plaisant.

[64] 例如曾發生臺灣人民在美國內華達州拉斯維加斯發生賭債之糾紛，最高法院83年度台上字第130號民事判決認為：「至涉外民事法律適用法第25條規定，依本法適用外國法時，如其規定有背於中華民國公共秩序或善良風俗者，不適用之。係指適用外國法之結果，與我國公序良俗有所違背而言。並非以外國法本身之規定作為評價對象。上訴人為閱歷豐富，有充分辨識能力之完全行為能力人，既明知遊樂性賭博行為為美國內華達州法律所允許之行為，在該地遊樂賭博，為尊重行為地之秩序，自應受該地法律規範，本國法律自無予以保護之必要。從而，適用美國內華達州法律之結果，系爭本票所擔保之債權即非無效，被上訴人執有系爭本票，依法享有票據上之權利。」實則此一案例即可依據公序效力之減弱理論方式解釋之。

立即適用內國法（法庭地法），理由則不一。有主張應先適用其他準據法，必不得已時，方適用內國法規定者[65]；有主張如內國法無明文規定，而尚有適用外國法之可能時，應力求適用外國法者[66]。而成文法方面，涉外民事法律適用法前後修正條文均無明確之指示，但大多數之法院實務判決似均為直接適用內國法。

我國司法實務判決方面，關於法庭地公序良俗條款排除外國法適用之判決，大多數集中在於法定利率之問題，惟最高法院判決前後見解似不一致。本文試羅列如下：

（一）最高法院95年度台上字第20號民事判決（違背法庭地公序良俗）

系爭授權契約第5.07條約定：「若依本契約應付之任何款項未能於本契約所指定之期間內給付之，應加計月利率百分之二之利息或法律所允許之最高數額（按：原文載「the maximum」，被上訴人提出之節譯文誤譯為最低數額—見一審卷一第26頁、第37頁），以二者較低者為準。」若此，兩造關於上訴人應付款項遲延利息約定之利率，似非固定於月息百分之二，倘法律所允許之最高數額低於月息百分之二時，即應適用該法律所允許之最高數額。被上訴人以荷蘭法為系爭授權契約準據法請求上訴人給付之約定遲延利息，已超過我國允許之法定最高額（週年百分之二十），依上說明，被上訴人**對於該超過部分利息之請求似難謂無背於我國公序良俗**，原審為相反之認定，亦屬可議。

---

[65] 陳榮傳，國際私法實用—涉外民事案例研析，五南，2015年，頁134。

[66] 馬漢寶，同前註9，頁225。

(二) 最高法院101年度台上字第883號民事判決（未違背法庭地公序良俗）

又修正前涉外民事法律適用法第25條規定，依本法適用外國法時，如其規定有背於中華民國公共秩序或善良風俗者，不適用之。係指適用外國法之結果，與我國公序良俗有所違背而言。**我國（原）民法第205條係規定：約定利率，超過週年百分之二十者，債權人對於超過部分之利息，無請求權。非規定該超過部分，為無效。**立法理由明示係為防止資產階級之重利盤剝，以保護經濟弱者之債務人。**本院29年上字第1306號判例亦揭示，債務人就利息超過週年利率百分之二十部分已任意給付者，不得請求返還。故約定利率超過週年百分之二十部分，似不能謂有背我國公共秩序或善良風俗。**兩造約定以荷蘭法律為準據法，倘荷蘭法律規定得按月利率百分之二計算利息，則飛利浦公司請求巨擘公司依約定之利率給付利息，是否有違我國之公共秩序或善良風俗，即非無疑。原審未詳加審認，遽認兩造所約定之利率，其超過週年利率百分之二十部分，有違我國之公共秩序，不無可議。

(三) 最高法院103年度台上字第1957號民事判決（未違背法庭地公序良俗）

次按修正前涉外法律適用法第25條規定，依本法適用外國法時，如其規定有背於中華民國公共秩序或善良風俗者，不適用之。係指適用外國法之結果，與我國公序良俗有所違背而言。此係準據法適用之例外條款，就此例外條款，自以從嚴解釋為宜，**我國（原）民法第205條係規定：約定利率，超過週年百分**

之二十者，債權人對於超過部分之利息，無請求權。非規定該
超過部分，為無效。旨在防止資產階級之重利盤剝，以保護經濟
弱者之債務人。系爭授權契約第4.07條遲延利息之約定，目的在
督促上訴人如期付款，自難單以被上訴人依該約定，請求給付月
利率百分之二之利息部分，違背我國民法第205條之規定，即遽
謂有背我國公共秩序或善良風俗。原審因而為此部分上訴人敗訴
之判決，難認有何違背法令。

　　綜上而論，於涉外契約案件中，當事人依據外國法約定高出
我國（法庭地）法律規定之法定利率者，其適用之結果究竟有無
違反法庭地之公序良俗，而得予以排除，我國最高法院新近之意
見，似乎認為約定本身不違反法庭地之公序良俗，故契約約定適
用高於我國（法庭地）法律規定法定利率之外國法時，我國法院
不得以涉外民事法律適用法第8條之規定排除之[67]。然而本文認
為，如此的解釋，等於放棄對於外國當事人運用其經濟優勢規避
法律，造成事實上存在盤剝本國當事人之不正義情事之控制，
上開最高法院判決之結論對發展中的本國工商產業是否公平妥
當？是否能夠落實涉外民事法律適用法第8條之立法目的？仍有
待斟酌。

二、當事人意思排除外國法適用

　　涉外案件中當事人是否得合意排除內國衝突法則之外國法適

---

[67]　參考許耀明，國際公序與國內公序—最高法院103年度台上字第1957號判決評
　　釋，收錄於賴淳良主編，國際私法裁判選析，元照，2018年，頁170以下。

用指示，而選擇內國法或其他國家之法律代之？此一問題涉及內
國衝突法則強行性之問題，以及當事人意思自主原則之適用領域
擴張問題。

　　在衝突法則欠缺成文法源依據的國家，例如法國，對於衝突
法則之強行性曾有爭議。1959年5月12日法國最高法院在Bisbal
一案中表達了法國法院得任意地（faculté）適用衝突法則這項立
場。Bisbal案為一對分居之西班牙籍夫妻向法國法院提請離婚，
依據當時法國民法典規定，離婚可被准許，但如果依據當事人之
本國法即西班牙民法之規定，離婚係被西班牙民法所禁止，因此
當事人請求離婚不應被准許。本案如果依據法國法院向來採取之
衝突法則，離婚事件應依當事人之本國法，即西班牙法，最終結
果為不允許離婚，然訴訟進行中，雙方當事人均無主張本案應適
用西班牙法，最終法國法院適用法國法，而准許離婚。法國最高
法院表示，衝突法則並不具有公共秩序性，需由訴訟當事人援為
主張適用，因此在訴訟當事人並未主張適用的情形下，法官得任
意地決定其是否適用衝突法則，而非有義務適用。此一見解在隨
後的Compagnie Algérienne de Crédit de Banque案中再次確認[68]。

　　然而。法國最高法院的這種態度卻受到法國國際私法學者
的一致批評，主要的顧慮在於這種立場事實上擴大了內國法適
用的範圍，並可能引誘訴訟當事人選擇對其有利之內國法院起
訴，造成選購法院的現象。因此在Rebouh案與Schule案之兩個
判決中，法國最高法院修正了Bisbal案以來的態度，而認為承審
法官必要時有義務尋求案件之準據法。不過，1990年12月4日的

---

[68]　Civ. 2 mars 1960, *Rev. crit. DIP* 1960, p. 97, note Batiffol.

Coveco案則進一步緩和了1988年的判決立場[69]，認爲法國法官
僅在兩種情形下有義務職權適用外國準據法：(一)於當事人對其
權利不可自由處分時；以及(二)當衝突法則爲傳統來源（source
conventionnelle）時。不過，後一情形（即衝突法則爲傳統來
源）於1999年5月26日的Mutuelles du Mans案中被剔除了[70]，因
此目前能肯定的，是法國最高法院認爲，於當事人對其權利不可
自由處分之涉外案件中，承審法院必要時有義務適用內國衝突法
則，以指示案件之準據法。

　　法國最高法院的考慮頗爲合理，因爲所謂當事人不可自由處
分之權利之涉外案件，大多與公益有較爲強烈的連結，故此一部
分爲內國利益分配與制度架構問題，應先以具備民主基礎之立法
者透過立法程序制定法律規章，決定其應如何進行適當的利益分
配與制度建構。內國衝突法則的功能，即爲內國立法者認爲涉外
案件應如何適用法律，始符合其內國法制利益分配之原則。而另
一方面，若爲當事人可自由處分其權利之涉外案件，則屬於當事
人如何依照其意願分配其利益之問題，於此似應回歸私法自治
原則，在一定的條件下容許當事人得自由選擇案件應適用之法
律，而不需堅持內國衝突法則之絕對適用。

　　誠然，在衝突法則具備成文法源依據的國家，要求法官忽
略此一成文法規的存在，而直接採行衝突法則任擇說確有其困
難。我國最高法院亦多次在判決中表示，如原審未依涉外民事法
律適用法確定準據法，而逕行依我國法律爲判決時，屬於判決違

---

[69] *JDI* 1991, p. 372, note Bureau; *D.* 1990, Som. 266, obs. Audit; *Rev. crit. DIP* 1990, p. 316, note Lagarde, *JDI* 1990, p. 415; 1re esp., note Kahn.

[70] Civ. 1re, 26 mai 1999, *Rev. crit. DIP* 1999, p. 707; 1re esp., note Muir Watt.

背法令[71]。然而比較法上卻多有允許當事人於訴訟程序中另行合意選擇案件準據法，而不受內國衝突法則指示之拘束，例如歐洲議會和理事會2008年6月17日（EC）第593/2008號關於契約之債準據法規則（羅馬一號規則），第3條第2項即規定：「無論是根據本條或本規則中其他條款所先為選擇之管轄法律，當事人可以在任何時候同意將契約適用於管轄法律外之其他法律[72]。」瑞士1989年聯邦國際私法第132條亦規定：「當事人於損害事件發生後之任何時期，得合意適用法庭地法[73]。」等，均為著例。

　　我國涉外民事法律適用法第31條規定：「非因法律行為而生之債，其當事人於中華民國法院起訴後合意適用中華民國法律者，適用中華民國法律。」立法理由稱：「當事人就非因法律行為而生之債涉訟者，法院多盼當事人能達成訴訟上和解，如未能達成和解，其在訴訟中達成適用法院所在地法之合意者，對訴訟經濟亦有助益，當為法之所許。爰參考德國民法施行法第42條、瑞士聯邦國際私法第132條等立法例之精神，規定當事人於中華民國法院起訴後合意適用中華民國法律者，即以中華民國法律為準據法。」亦可視為當事人以合意排除內國衝突法則之外國法適用指示，而以法院地國法作為原指定準據法代用之規定。於

---

[71] 陳榮傳，同前註65，頁64以下羅列30餘最高法院判決，均採此一見解。

[72] 原文為：「The parties may at any time agree to subject the contract to a law other than that which previously governed it, whether as a result of an earlier choice made under this Article or of other provisions of this Regulation.」參考網址：https://eur-lex.europa.eu/legal-content/EN/ALL/?uri=CELEX%3A32008R0593，2021年7月7日。

[73] 原文為：「Les parties peuvent, après l'événement dommageable, convenir à tout moment de l'application du droit du for.」

此需注意者有二：其一爲本條之規定僅在非因法律行爲而生之債
（法定之債）領域，始有適用餘地，而因法律行爲而生之債，則
不與焉；其二爲適用本條之規定，應以原準據法係外國法，而當
事人合意選擇適用內國法（中華民國法）之情形爲限。可茲檢討
者，爲本條之規定，於因法律行爲而生之債（涉外契約）領域
中，是否亦有其適用？本文認爲依據立法例以及上開當事人得自
由處分其權利（債權）之原理觀之，宜採肯定見解，司法實務上
或可考慮類推適用涉外民事法律適用法第31條之規定，以符私
法自治、訴訟經濟之精神。

參考文獻

一、中文部分

王海南，論國際私法中關於反致之適用，收錄於馬漢寶教授八秩華誕
　　祝壽論文集：法律哲理與制度－國際私法，元照，2006年。

林秀雄，論國際私法上之先決問題，文章收錄於馬漢寶教授八秩華誕
　　祝壽論文集：法律哲理與制度－國際私法，元照，2006年。

林恩瑋，國際私法理論與案例研究（1），五南，2016年。

林益山，國際私法與實例解說，自刊，2004年。

柯澤東著，吳光平增修，國際私法，元照，2016年。

馬漢寶，國際私法（總論各論），翰蘆，2014年。

陳隆修，比較國際私法，五南，1989年。

陳榮傳，國際私法實用－涉外民事案例研析，五南，2015年。

梅仲協，國際私法新論，三民，1990年。

許耀明，國際公序與國內公序－最高法院103年度台上字第1957號判
　　決評釋，收錄於賴淳良主編，國際私法裁判選析，元照，2018
　　年二版。

章尚錦、杜煥芳，國際私法，中國人民大學出版社，2017年。

曾陳明汝，國際私法原理（上集），學林，2003年。

鄭玉波著，黃宗樂修訂，法學緒論，三民，2018年。

蔡華凱，外國法的主張、適用與證明－兼論國際私法選法強行性之緩
　　和，東海大學法學研究，第24期，2006年6月。

劉鐵錚、陳榮傳合著，國際私法論，三民，2018年。

賴英照，說理或詭辯－判決引用外國法的爭論，中原財經法學，第
　　38期，2017年6月。

藍瀛芳，國際私法導論，自刊，1995年。

二、外文部分

D. Bureau et H. Muir Watt, Droit International Privén, Tome I, 4e éd., PUF, 2017.

Daryl Xu, "Proving foreign law in domestic proceedings - the futility of the 'expert' advocate and some more sensible procedural solutions: Re Harish Salve," C.J.Q., Vol. 37: 3, 2018.

H. Batiffol et P. Lagarde, Droit International Privé, Paris, LGDJ, I, 8e éd., 1993.

J.J. Spigelman, "Proof of Foreign Law by Reference to the Foreign Court," L.Q.R., 2011.

L. Collins, Dicey and Morris, The Conflict of Laws, London Sweet & Maxwell, 13th ed., 2000.

P. Mayer et V. Heuzé, Droit International Privé, Montchrestien, 11e éd., 2014.

P.M. North and J.J. Fawcett, Cheshire and North's Private International Law, Oxford, 13th ed., 2004.

Ranhilio Callangan Aquino, "Highlights of Philippine Conflict of Laws," 39 IBP J. 31, 2014.

Y. Loussouarn, P. Bourel et P. de Vareilles-Sommières, Droit International Privé, Dalloz, 10e éd., 2013.

|第二章|
強行法規的衝突

壹、前　言

　　1993年，柯澤東教授在國立臺灣大學法學論叢發表了著名的論文——從國際私法方法論探討契約準據法發展新趨勢—並略評兩岸現行法[1]。這是我國國際私法學界第一次引進法國Phocion Francescakis教授的「即刻適用法理論」（la théorie de la loi d'application immédiate），可謂開創我國國際私法理論上「多元主義」（pluralisme）討論之先河[2]。

　　有關強行法規（mandatory rules）的適用問題，在國際私法的領域中一向被視爲係複雜又棘手之研究課題[3]。然而，在一向對於外國法適用抱持著相對寬容態度的我國國際私法學界，探討是否引進即刻適用法（loi d'application immédiate），以及相關

---

[1] 柯澤東，從國際私法方法論探討契約準據法發展新趨勢—並略評兩岸現行法，國立臺灣大學法學論叢，第23卷第1期，1993年12月，頁277。

[2] 國際私法上的多元主義，主要是指各種援以解決法律衝突的方法論彼此並存，互相爲用的現象。參考H. Batiffol, Le pluralisme des méthodes en droit international privé, RCADI, t. 139, 1973, p. 75。

[3] 在比較國際私法上，所謂「強行法規」也有著各自不同的稱呼，例如在英美法系國家，以「mandatory rules」稱之，在法國，一般則以「lois de police」（即警察法規）稱之。其內涵與範圍雖有些許差異，基本上仍係在於指涉強調此類法規所以不同於一般法規之強行適用性質。

法律適用機制是否得以並存等議題，適足以促使吾人得以觀察到國際私法理論與實務間的差距性，並重新反思傳統國際私法學研究範圍與結構的基礎，故就此一問題，甚有研究之必要[4]。

　　然而，在我國司法實務上，對於法院地法的適用、外國法的適用與外國強行法規、法院地國強行法規的適用等概念與層次，卻未為更細緻之區分。這使得「即刻適用法」一詞與其內涵，往往無法為我國法院所理解與接受。此種現象反而與該理論所提出之背景——Francescakis教授因整理法國法院歷來之見解而歸結出法律之即刻適用，正好背道而馳[5]。特別是我國最高法院仍以涉外民事法律適用法具有強行性，要求法官必須於涉外案件中無保留地適用該法所提供之衝突法則（règle de conflit）機制的前提下，我國法院幾無跳脫涉外民事法律適用法（下稱涉外民法）之體系，大膽地援用即刻適用法理論之可能。

　　雖然，對於我國法院是否應採取或接受即刻適用法理論，或

---

[4] 在柯澤東教授之後，我國學者陸續有專文就即刻適用法理論之內涵與適用方式為進一步之研討，例如許兆慶，國際私法上「即刻適用法」簡析，軍法專刊，第42期第3卷，1996年3月，頁16。其他有自海事國際私法角度為文研究者，例如吳光平，即刻適用法及其於海事國際私法上貨物運送法律關係之運用—並論我國海商法第七十七條之規定，法學叢刊，第189期，2003年11月，頁101；許兆慶，海事國際私法上「至上條款」與「即刻適用法」簡析—兼評新海商法第七十七條之訂定，月旦法學雜誌，第78期，2001年11月，頁124；亦有自實務立場討論即刻適用法之運用者，例如黎文德，我國司法實務上國際私法之發展，月旦法學雜誌，第89期，2002年10月，頁84。

[5] 有關即刻適用法理論的提出背景，可參考吳光平，重新檢視即刻適用法—源起、發展，以及從實體法到方法的轉變歷程，玄奘法律學報，第2期，2004年12月，頁147；吳光平，國際私法上的即刻適用法於法院實務及實證立法之運用，輔仁法學，第29期，2005年6月，頁53；林恩瑋，大陸法系國際私法選法理論方法論之簡短回顧，收錄於陳隆修、許兆慶、林恩瑋合著，國際私法：選法理論之回顧與展望，2007年1月，頁1。

許尚待時間檢驗。但在國際私法的案件上，我們仍必須面對強行法規確實存在於每一個國家法律體系中的事實。換句話說，法律的衝突，特別是各國強行法規的衝突，仍極有可能發生，而這類型的法律衝突，即為國際私法學上選法理論最困難的典型之一：所謂法律「真衝突」（true conflict）的問題[6]。

　　那麼，吾人應如何確定案件存在著強行法規的衝突？如果強行法規的衝突確實存在，對於這種強行法規的衝突，又應當運用何種法律工具予以解決？

　　為回答上開問題，本文擬以新近臺灣高等法院92年度上易字第299號民事判決為中心，討論法院於面對內外國強行法規衝突之案件時所應考慮之重點。以下即先就該判決內容為簡要之整理。

貳、判決要旨整理

　　關於內外國強行法規的適用問題，臺灣高等法院92年度上易字第299號民事判決為一呈現我國法院在適用即刻適用法理論上具困難性的典型判決。本文試將該兩造之主張與法院之意見為簡短摘要，並將本判決相關法律爭點，整理分析如後：

---

[6]　所謂真衝突，係指相衝突的法律均各有其在法律適用上之目的與利益，而相互爭執不下，難以調和的情形。在以Currie為首的美國政府利益分析學派中，法律真衝突的問題是最難以解決的，往往僅能以法院地法或是遵守充分互信條款（full faith and credit clause）將問題交由國會解決。參考陳隆修，美國國際私法新理論，五南，1987年，頁49以下。

一、判決摘要

(一)兩造各自主張：本案被上訴人向法院爲如下之主張：「本件
　　授權契約關於遲延利息以月利率百分之二計算之約定，並無
　　違反我國任何強制規定，亦完全合於本件授權契約之準據法
　　荷蘭民法之規定：1.依我國（原）涉外民事法律適用法第25
　　條之規定，判斷外國法適用與否之標準，乃爲公序良俗，而
　　非我國法律之強制規定。而公序良俗與強制規定屬於完全不
　　同之法律概念，上訴人分別援引（原）民法第205條及涉外
　　民事法律適用法第25條規定，主張本件授權契約之遲延利息
　　約定無效，惟民法第205條爲強制規定；而涉外民事法律適
　　用法第25條並未以強制規定爲規範對象，故藉由涉外民事法
　　律適用法第25條規定無從導出本件授權契約違反民法第205
　　條規定之結論，上訴人此等主張顯違反前揭法條規範之邏
　　輯，其主張顯無理由。」

　　就被上訴人之主張，上訴人反駁爲：「縱使荷蘭民法確實允
　　許月利率百分之二，其亦違背我國民法第205條年利率不得
　　超過百分之二十之規定。被上訴人憑藉其市場獨占地位，在
　　無正當商業理由下，強制上訴人同意以荷蘭法爲準據法及月
　　利率百分之二之遲延利息，已違背我國民法保護經濟弱者之
　　公共政策，故應適用涉外民事法律適用法第25條規定，此利
　　息約定背於我國公共秩序或善良風俗而無效，應回歸我國第
　　205條之適用。又我國民法第205條就債權人對年利率超過百
　　分之二十部分認無請求權，上訴人既已提出抗辯，被上訴人
　　之請求權應不得行使。原法院竟以此利率於我國民法僅是超

過年利率百分之二十之部分請求權有無之問題，應無涉外民事法律適用法第25條規定之適用，其推論倒果為因，至為錯誤。」

(二) 法院意見：就兩造之主張，高等法院法官顯然採取了上訴人的見解，其於判決中為如下之說明：「如認本件授權契約有效，則授權契約約定遲延利息為月利率百分之二是否過高？系爭契約第5.06條約定：若依本契約應付之任何款項未能於本契約所指定之期間內給付之，應加計月利率百分之二之利息或法律所允許之最低數額，以二者較低者為準。如上所述，本件授權契約準據法為荷蘭法，依荷蘭律師Willem Albert Hoyng出具之法律意見書表示：『根據荷蘭民法第6：116條第3項規定，契約得就遲延給付約定遲延利息，（中略）根據荷蘭法規定，月利率百分之二之遲延利息約定為合法且得為強制執行』，該法律意見並經荷蘭公證人Robert Collenteur表示『根據本人就荷蘭法之瞭解，Willem Albert Hoyng前開陳述為真實及正確』（見原審卷第47至49頁，本院卷一第84至86頁，本院卷一第161至163頁），足見本件遲延利息約定合於荷蘭法規定。在涉外法律行為之當事人本得依據涉外民事法律適用法第6條規定選定準據法，如選定之法律未違反同法第25條有關『公共秩序』或『善良風俗』之規定，則選定準據法之內容及效力應屬適法。是判斷外國法適用與否之標準，乃係上述條文之『公共秩序』或『善良風俗』，而非我國法律之『強制規定』。本件兩造契約約定遲延利息為月息百分之二，經核尚與公共秩序或善良風俗無涉，難認上開之約定無效。」

二、爭點評析

綜合以上判決內容，所涉及之法律爭點主要有三：首先，本案授權契約關於遲延利息之法定利率標準，究竟應適用我國法律之規定，或是外國法律之規定？實則此一問題又牽涉法定利率規定之性質問題：內外國關於法定利率之規定是否均具強行性？宜先予辨明；其次，如認為關於法定利率之規定為強行規定，則所牽涉者並非單純依據衝突法則即可解決案件之內外國法律適用問題，而必須再加以考慮內外國強行法規所可能存在之衝突問題；最後，應該考慮者為如內外國強行法規存在著衝突的問題，究應如何調和？抑或犧牲其中之一，以保全其他法律適用上之利益？

為回答上開問題，實應就內外國強行法規之衝突與適用之理論基礎，為進一步之釐清。

參、理論的釐清：關於內外國強行法規之適用

在涉外案件中，內外國強行法規的適用原因可能來自於兩個方面：首先，內外國強行法規的適用係源自於內國衝突法規的指示，亦即在內國衝突法規指示適用內國法或外國法時，該內外國法規的適用範圍亦應包含內外國強行法規；其次，則是法院規避內國衝突法規，以直接適用內外國強行法規的方法，解決涉外案件的紛爭。前一種法律適用方式所可能運用的方法包括了單面法則（one-side rules; méthode unilatérale）與雙面法則（two-side rules; méthode bilatérale）兩種[7]，而後一種法律適用方式所運用的方法，即所謂「即刻適用法理論」。

然而，所謂即刻適用法理論往往容易與其他的概念相混。尤其是牽涉到辨異何種法規屬於即刻適用法、何種法規非屬於即刻適用法時，所依據的標準往往更顯得模糊不清。是以首先應就該理論之內容與意涵，與其相近似之概念或方法爲進一步之分析與比較。

此外，即刻適用法理論的實益，主要在於使法官有藉口得以迴避運用衝突法則，而以另一種方法模式選擇案件所應適用的法律。這種方法模式跳脫了既有之抽象的、形式的法律衝突適用方式（無論是單面法則或是雙面法則），而直指所應適用法律之「內容」，其適用於內外國強行法規衝突之案件中，無論在理論上或實證上，均可顯見其特色。

一、即刻適用法理論

關於即刻適用法的理論起源，如果依照其單面法則的屬性與傳統回溯，最早可以上推至法則區別說時期[8]。事實上，早在十九世紀中，Savigny即已提出相類似的觀念[9]。1930年代，法國

---

[7]　雙面法則，即一般所熟知的連繫因素理論——運用案件特定事實中預設的連繫因素，以藉此尋找出涉外案件的準據法。這種法則具有穩定性與可預見性等功能，也同時具備著僵硬與詐欺選法的危險性；單面法則，則是另外一種選法的方法，其主張法官只能就其內國法的適用範圍予以置喙，不能也不必要衡量外國法律的適用範圍，是一種「劃定內國法」適用範圍的選法方法。

[8]　關於單面法則之源起與內容介紹，請參考林恩瑋，同前註5，頁1。

[9]　Savigny對這類法律所使用的表達方式並非稱之爲「即刻適用法」或「警察法

學者Arminjon提出政治法（lois politiques）的觀念，即「為國家、黨派、階級，甚至特別的信仰或思想利益的法律原則與規則」[10]，這種政治法依照其目的適用於所有人、所有該政治法所指定之法律關係中，換言之，這是一種依照法律本身內容與其目的決定其適用的方式，可謂為即刻適用法的濫觴。1950年代末，法國碩儒Phocion Francescakis教授在觀察與分析法國法院實務判決後，才開始正式使用「即刻適用法」這個名詞[11]。依照該理論，法國法官於涉外案件中，應考慮到法國社會集體的利益（interêt collectif）[12]。基於理解上與討論上的方便起見，法國學者多以警察法規（lois de police，相當於強行法規之意）一詞替代[13]。

規」，而是以「由集體利益所決定，具有積極嚴格義務性質的法律」（Lois d'une nature positive rigoureusement obligatoires, dictées par un motif d'intérêt général.）稱之。轉引自P. Mayer et V. Heuze, Droit International Privé, Montchrestien, 8e éd., 2004, p. 88。

[10] 原文為：「Les lois qui font exception aux principes et aux règles du droit dans l'intérêt de l'Etat, d'un parti, d'une classe, voire de certaines croyances ou idées.」轉引自Y. Loussouarn, P. Bourel et P. De Vareilles-Sommieres, Droit International Privé, Dalloz, 8e éd., p. 144。

[11] 參考Ph. Francescakis, Quelques précisions sur les lois d'application immédiate et leurs rapports avec les règle de conflit de lois, RCDIP, 1966. 1, p. 12。中文部分可參考吳光平，同前註5，頁58。

[12] 或是，以Francescakis自己的用語：國家利益（interêt étatique）。Ph. Francescakis, *ibidem.*

[13] 這個名詞主要源於法國民法典第3條：「**Les lois de police** et de sûreté obligent tous ceux qui habitent le territoire. Les immeubles, même ceux possédés par des étrangers, sont régis par la loi française. Les lois concernant l'état et la capacité des personnes régissent les Français, même résidant en pays étranger.」所謂警察法規與治安法規（Les lois de sûreté），依法國學者Lalive的看法，為同義語。此外1980年羅馬契約準據法公約第7條中，其法文標題以「lois de police」稱之（英文版

　　然而在概念上，即刻適用法理論與警察法規兩者仍有不同。必須指出的是，區分即刻適用法理論與其他概念或方法，是有必要的，因爲這往往牽涉到法官應該在什麼樣的場合或條件下適用這項理論的問題。因此，除了說明即刻適用法理論的內涵以外，我們仍須廓清其概念的外緣，以避免混淆其他相類似之概念，造成理論的空談。

(一) 理論的提出

　　按照Francescakis教授給予的定義，即刻適用法係指「爲維護國家的政治、社會或經濟組織，所必須遵守的法律[14]」。法官於涉外案件中如認爲案件牽涉到此類法規時，應跳脫傳統的衝突法則規範，而即刻直接適用此類法規。所謂「即刻」一詞，在此處表達的意義並非爲時間性的，而是對於選法方法上的先後順序的形容。也正因爲即刻適用法一詞予人有先於衝突法則適用的意味存在，故學者多認爲此類法規具有強制性、排他性與絕對性等特色[15]。

　　然而，就定義而言，即刻適用法仍是一個頗爲模糊的概

爲Mandatory rules），然是否因此即可謂羅馬契約準據法公約亦採用即刻適用法理論，仍値斟酌。

[14] 原文爲：「Les lois dont l'observation est nécessaire pour la sauvegarde de l'organisation politique, sociale ou économique du pays.」

[15] 柯澤東，國際私法新境界—國際私法專論，元照，2006年，頁74。Francescakis則是認爲，即刻適用法相較於衝突法則，應屬於輔助的地位。法國學者Batiffol則是遵守其一向主張的多元主義立場，認爲衝突法則與即刻適用法間不存在著競爭或拒斥的關係，僅係「各安其所」（suum cuique tribuere），按照各自不同的規範範圍發揮其各自之功能。轉引自P. Mayer, Les lois de police étrangères, J.D.I., 1981, n°2, p. 277, spéc. p. 280。

念。誠如學者Loussoarn所言：「性質上即刻適用法與其他法律並無不同。在現代國家中，所有的法律都是為保障經濟與社會利益而來……事實上，即刻適用法與其他法律並無層次上的不同，這使得其間的區別更加地困難……在層次上以及範圍上，即刻適用法的定性僅能從個別的立法條文上為具體的檢驗[16]。」簡言之，即刻適用法的普遍特性之所以難以捉摸，主要是因為現代社會環境結構複雜與分工細密下的結果。因此在法官運用這項方法時，僅能從個案上去著手建立先例，甚難以化約的方式明白指出何種法律為即刻適用法，何者為一般法律，而異其適用之方式。

　　即刻適用法理論的另一個特色，在於其跳脫既有的傳統衝突法則所強調之中立性、抽象性與雙面性的特質，直接針對特定法律的內容著手，主張法官應考慮這類法規的目的與其適用效果[17]，特別是這類法規與國家利益存在特殊的連結之時。但所謂「法規的目的與適用效果」仍然是非常抽象的，這使得即刻適用

---

[16] Y. Loussouarn, Cour général de droit international privé, RCADI, 1973, II, p. 269, spéc. pp. 328-329.

[17] 這項考慮的標準亦被羅馬契約準據法公約所援用。該公約第7條即認為依該公約規定適用某國家法律，而當他國與本案具有緊密連結之情形時，如果僅有在該他國之法律規定，其不論契約之準據法為何，均必須適用其之強行法規者，則該他國之強行法規即應賦予其效力。在考慮是否賦予這些強行法規效力時，必須考量法規之性質與目的，以及適用或不適用該法規之影響。（When applying under this Convention the law of a country, effect may be given to the mandatory rules of the law of another country with which the situation has a close connection, if and in so far as, under the law of the latter country, those rules must be applied whatever the law applicable to the contract. In considering whether to give effect to these mandatory rules, regard shall be had to their nature and purpose and to the consequences of their application or non-application.）

法理論往往存在著被法庭地法官濫用的疑慮：雖然這種抽象性顯然是無法避免的。不過，如果以Francescakis教授所主張的即刻適用法理論作為衝突法則的例外適用的立場而言[18]，即刻適用法這個名詞的抽象性所造成的問題，似乎並不如想像中的嚴重，正如同其他不確定的法律概念一般（例如公序良俗），即刻適用法需要被司法解釋補充其內涵與意義，但其概念的不完整性事實上並不妨礙這項理論在司法實務上操作的可能[19]。

　　從歷史的發展來看，即刻適用法的提出正好在法國60年代社會運動風起雲湧之際，緊接著而來的社會福利制度改革與國有化（nationalisation）腳步，使得國家透過強力運用公權力的方式介入了一般私領域的生活。這種大環境的影響連帶使得法國法院更傾向於維護其本國的強行法規制度與秩序，加之以法國實

---

[18] 此亦為我國學者一般對於即刻適用法理論所採取的立場，如吳光平，國際私法上的即刻適用法於法院實務及實證立法之運用，輔仁法學，第29期，2005年6月，頁122以下；賴來焜，當代國際私法學之基礎理論，自刊，2001年，頁190。

[19] 法國學者Paul Lagarde教授在提及lois de police的概念不確定性時表示：「這有點像是我們放塊板子在沼澤上通行一樣，如果我們在板子上待太久，我們就會沉到流沙裡頭。但這種方法可以讓我們通過沼澤，達到目的，也是個不太差的方法。我們不需要去完美化被使用的不同工具，只要把這些當成是單純可以讓我們達到目的的工具就行了。」（C'est un peu comme lorsqu'on pose une passerelle de bois pour traverser un marais: si on reste trop longtemps sur la passerelle, on va s'enfoncer et être enlisé dans les sables mouvants, mais cela permet de passer, d'arriver au résultat, ce qui n'est déjà pas mal. Il ne faut pas vouloir idéaliser les différents outils que nous utilisons, mais les accepter comme de simples outils qui permettent d'arriver à un certain résultat.）或許可以說明吾人對此一問題應採取功能性的態度，優於執著傳統名詞定義的爭辯。A. Bucher, Vers l'adoption de la méthode des intérêts? Réflexions à la lumière des codifications récentes, TCFDIP, 1993-1995, éd. A Pédone, Paris 1996, p. 209, surtout à p. 230.

務早已行之有年的單面法則傳統，讓即刻適用法理論因此在法國有了著力生根的基礎。

　　與法國的司法環境相較，有趣的是，受限於向來主張衝突法則具有強行性的立場，雖然臺灣國際私法學界對於即刻適用法理論已不陌生，但在實務的運用上，卻仍未出現援用是項理論的判決出現。甚至在某些場合，將即刻適用法理論與其他類似概念混淆的情形亦所多見。凡此種種，均對於即刻適用法理論的適用，形成一定程度的障礙。

　　因此，究明即刻適用法理論與其他相類似概念間之異同，即有其必要。

(二) 概念的分辨：強行法規與即刻適用法

　　將警察法規與即刻適用法兩項稱謂相提並論，似乎已成為法國與臺灣國際私法學者間的共通習慣[20]。然而，必須指出的是，所謂警察法規與即刻適用法，仍有其概念上的區別，不可不辨。在法國民法上，警察法規一詞應較接近於強行法規的概念，而即刻適用法則非必為強行法規。易言之，強行法規應只是即刻適用法的類型之一。

　　法規即刻適用的理由有許多，有些法規是因為堅持其優越性的緣故，強調其必須適用，例如法國民法典第311條之15規定，如兒童的父母任一方在法國擁有慣居地時，則兒童取得一切源自

---

[20] 將警察法規與即刻適用法混用的情形，於我國學者作品中甚為常見。關於即刻適用法用語之問題，可參照吳光平，重新檢視即刻適用法—源起、發展，以及從實體法到方法的轉變歷程，玄奘法律學報，第2期，2004年12月，頁155以下。

於法國法律所生之身分效果，法國立法者認為這項規定是符合公理正義，所以認為該條文必須即刻適用；有些法規則是傾向於課予其國民特別之義務或給予特別的保障所設，例如消費者保護的規定，或是婚姻形式要件，特別是宗教婚儀式的堅持的規定，認為必須即刻適用；有些考慮法規即刻適用的理由則是因為傳統的衝突法則已經無法確保特定法規原來的立法目的與實現，所以主張應即刻適用這類型法規，避免因機械性適用衝突法則造成欠缺個案正義維護的情形發生[21]。

此外，在國際私法的選法理論上，與即刻適用法理論相類似的概念亦有許多，例如單面法則即是一例。誠然，即刻適用法的提出確實與單面法則的思潮不可或分，但二者仍然有所區別。在概念上，即刻適用法是法律適用範圍（le domaine d'application du droit）的問題，而單面法則則是屬於內國法秩序管轄（la compétence de l'ordre juridique）的問題。甚至，純粹的單面法則僅就內國法之適用為解釋，而即刻適用法理論則在實務上認為法官可考慮即刻適用外國之實體法[22]。簡而言之，即刻適用法理論的特徵在於其適用內外國法的標準係根據法律的「內容」而來，而這項「內容」往往與國家利益有所連結；但單面法則是根據案件事實與法庭地國的連結作為適用法律的判斷標準，這項標準很少去探究法律的內容或目的，而是依靠某些預設的條件（例如案件當事人之一的國籍為內國國籍時，即適用內國法的情

---

[21] P. Mayer, *op. cit.*, pp. 288-289.
[22] 法庭地的法官是否可以依照同一理論而即刻適用外國實體法，法國多數學說與各國立法上似乎均是採肯定的見解。請參照本文以下關於內外國強行法規的衝突，實證面的規範部分之敘述。

形）而來。

　　屬地法（loi autolimitée）與即刻適用法亦容易造成混淆，雖然二者往往在規範上有重疊之處。即刻適用法有部分具有強烈的屬地性質，但亦有非以屬地的標準判定是否應即刻適用法律者，例如法國民法典第3條，即以權利主體之國籍（法國籍）作為是否適用法國法的標準。而相反地，許多法律均屬於屬地法性質，但這些法律並非均是即刻適用法。在涉外案件事實不屬於即刻適用法規範範圍之內時，法官仍需透過衝突法則的機制，適用各國的法律：包括其屬地法在內。

　　有關即刻適用法的性質，也極易將之定性為公法（或是社會法）一類中。確實，從即刻適用法的理論發展上觀察，這類型的強行法規在相當程度上是因為國家公權力的介入而賦予其即刻適用的效果，這使得這類型法規在性質上容易被歸類為灰色地帶的法律，而顯得難以判別[23]。不過，在即刻適用法理論發源的法國國際私法學界，大多數的學者卻是認為即刻適用法應該被歸類為私法的部門，例如Francescakis教授與Jaques Foyer教授均是持這種看法[24]。

　　就此一問題，誠如法國學者Pierre Mayer教授所見，即刻適用法與公法最大的不同，主要在於後者並無法律衝突之問題。各國的公法僅有其管轄權劃定上的問題，並且各國均得自行決定其

---

[23] 在法語系國際私法學界，主張警察法規屬於公法性質者，有Lalive、Géraud de la Pradelle、Mezger與Sperduti等教授，亦有主張警察法規應與一般公法有所區別者，例如Gothot與Lequette等教授。見P. Mayer, *op. cit.*, pp. 301-302。

[24] J. Foyer, Les mesures d'assistance éducative en droit international privé, RCDIP, 1965, 39, n°10 s. 轉引自P. Mayer, *op. cit.*, p. 302。

國民以及其主權所得管轄之範圍，而爲了落實這項管轄權劃定的效果，公法往往伴隨著國家行爲（l'action étatique）的介入。然而在即刻適用法的部分，這種國家行爲介入干預的情形，卻往往要來得微弱[25]。

二、內外國強行法規的衝突

關於內外國強行法規衝突的問題，所可能遭遇的類型不外乎爲兩種：內國與外國的強行法規衝突問題，與外國強行法規間衝突的問題。如果從法律衝突的形式上觀察，由於強行法規的特性，使得這兩種類型的衝突可能產生眞衝突（即國家利益的積極衝突）與無衝突（即國家利益的消極衝突）的情形。前者發生在內國與外國的強行法規衝突的情形，後者則可能發生於外國強行法規間衝突的情形。本文於此所欲討論的部分，係聚焦於前者，後者則另行爲文研究之。

然而，在面臨強行法規衝突的情形時，討論究竟應適用何一強行法規，在層次上亦必須加以區分。此即本文前述有關外國法的適用，與外國強行法規、法院地國強行法規的適用之層次問題。以下即以理論面與實證面兩種角度，做進一步的研討與分析。

(一) 理論面的問題

在外國法的適用模式上，可將之區分爲「間接適用模式」

---

[25] 例如國家積極介入刑法與行政法的執行即爲一例，P. Mayer, *op. cit.*, p. 304。

與「直接適用模式」。前者是將衝突法則作為外國法適用的前提[26]，透過衝突法則運用連繫因素的指引，適用外國法作為涉外案件的準據法，亦即所謂的「薩維尼式方法」（méthode savignienne）；後者則是法官迴避衝突法則，將案件直接適用外國法的模式，其基礎可能為單面法則的改良式[27]，也可能為即刻適用法理論。

事實上，衝突法則不但在適用模式上與即刻適用法理論相異，在性質上也和即刻適用法理論無法相容。易言之，這是兩套完全不同的方法。此二者最大的區別，在於衝突法則講究的是創造一個中立的、雙面的與抽象的標準，並不觸及實質法律（droit substantiel）的內容與適用範圍的問題，但即刻適用法理論卻是就具體的、個案的情形，考量法律的內容及其適用效果與影響決定是否必須即刻適用系爭法規，也因此，在理論上如果先以衝突法則決定外國法的適用，再以外國法中之某項法律具有強行性質，而「即刻適用」該外國法的說法，是不成立的[28]。

然而，透過衝突法則的機制選擇外國法作為案件準據法，再

---

[26] 此處所稱的衝突法則，係指以雙面法則為基礎之國際私法選法方法。

[27] 或稱為「部分單面法則理論」（unilatéraliste partiel）。亦有單面法則學者提出「適用意願」（volonté d'application）理論。此一理論略為：如果依照外國法的性質，本國法院法官認為本國法律對於該案件無適用餘地，而推測該外國法的立法者有「意願」可適用其法律時，則可適用外國法作為案件的準據法。P. Gothot, Le nouveau de la tendance unilatéraliste en droit international privé, RCDIP, 1971, p. 1.

[28] 吳光平，同前註18，頁64。該文主張即刻適用法理論「突破了法院地實體法所標榜的保護主義困境，進入了兼含法院地實體法或外國實體法（both substantive rules of forum state and substantive rules of foreign state）的內外國法平等適用新階段，此一轉變亦為學說所肯定」云云，惟本文對此持保留意見。

依外國實質法之性質分類，決定案件實體上所應適用之法律的情形，則是完全可以成立的。但此時所謂適用外國強行法規並非透過即刻適用法理論，而是衝突法則機制下的當然結果。易言之，此仍爲外國法的適用層次之問題。除非適用該外國強行法規的結果將造成對法庭地公共秩序的破壞，否則此時基於衝突法則的指示，適用外國法（包含其強行法規）之結果，法庭地的法官即需予以尊重。

因此從法律衝突的模式上來說，法庭地法與外國法的衝突，約有眞衝突與假衝突二類。而依照衝突法則的推論基礎，透過連繫因素所指涉之法律（準據法），即被認爲係與案件具有重要連繫關係之法律，而有適用上的利益。易言之，只要是假衝突的案件，幾乎均可透過衝突法則找出解決的方案。然而，對於內外國強行法規間的衝突，亦即法律眞衝突的情形，衝突法則之原理是否亦能發揮其預期之功能？

就此一部分，學者曾提出以雙面法則的模式解決內外國強行法規衝突的問題[29]。例如關於房租最高限額的法律規定，如吾人主張只要租賃物位於法庭地國，則關於租金總額之問題，即應適用法庭地法的情形，僅需以「租金之總額，應依租約執行地法」之規定，即可解決之。如此一來，不但可適用法庭地關於租金總額的強行法規，並且尚可依此規定，於租約在外國執行時，適用外國關於租金總額的強行法規。是以其主張只要重新就這類案件立法規定新的連繫因素，即可取代即刻適用法理論，作爲解釋案件之所以適用外國強行法規之基礎。

---

[29] P. Mayer et V. Heuze, Droit International Privé, *op. cit.*, n° 128.

　　然而這種主張在邏輯上卻有著嚴重缺陷：如果衝突法則性質上和即刻適用法理論無法相容，二者間又豈有所謂取代之問題？易言之，即刻適用法的特徵在於，只要法官認為某項法律的性質、內容與適用效果在案件中應被即刻適用時，即可不論衝突法則的規定，直接選擇其所認為應被即刻適用的法律。在即刻適用法理論下，是否應適用外國強行法規，並非透過預設抽象的連繫因素，還是要回歸到該外國強行法的本身具體內容，探究其適用對案件之影響效果，始得做成適用與否之決定。

　　所以問題仍然必須回到即刻適用法理論的原點：法官究竟應以何種標準（法庭地或是外國）判斷外國強行法規是否在案件中應被即刻適用？在這一點上，通常在實務與立法上所採用的標準是「鏡像的」（pseudo-bilatéralisation），亦即法官仍以法庭地的法律概念標準來判斷外國的某項強行法規是否具備即刻適用的條件，或援為決定是否賦予這些外國強行法規法律上之效果。事實上，此一問題與定性所遭遇的困難是一致的，主要還是基於現實上的考慮：我們如何能夠強求內國的法官均能通曉外國的法律？又如何能強求內國法官確實掌握外國強行法規之性質而不至流於濫用？或許還是讓法官們依照其所受的訓練做出判斷，要較他們胡亂猜測外國法規的意旨來得更接近正義[30]。

(二) 實證面的規範

　　在實證面上，以衝突法則為核心規定內容之涉外民法仍為我

---

[30] P. Mayer et V. Heuze, *ibidem*; B. Audit, Droit International Privé, Economica, 3e éd., 2000, n° 118.

國法院面對涉外案件時之主要法源。司法實務運作上，我國最高法院對於涉外民法之規定一向賦予其強制性質：亦即當法官面臨具有涉外因素的法律案件時，涉外因素作為發動涉外民事法律適用法的條件，而約束我國法官必須先就案件之程序部分先行適用涉外法之相關規定，不得逕行適用中華民國法。

　　然而，過分強調涉外民法強制性的結果，將使得我國法院在面臨變化多端的涉外私法案件時捉襟見肘，並使得許多理論上的意見流為空談，多元主義在涉外民法強制性的堅持下成為一個遙不可及的夢想；最終我國法官所遵循的，仍是機械地適用已然過時的衝突法則，其阻礙個案正義的維護，將選法的過程落入法律形式主義（legal formalism）的困難中，其缺陷至為昭然，我國國際私法學者對此亦迭有批判。

　　主張涉外民法的強制性，則自然在一定程度上對於即刻適用法理論造成相當之排擠效果。至少，在涉外民法強制性的前提下，即刻適用法理論往往只能被當成例外的適用工具，甚至不應被認可；如同前述，即刻適用法理論與衝突法則在性質上本是完全不相容之兩種方法，如果堅持涉外民法強制性的結果，則外國法的適用，包含外國強行法規的適用，均將僅有在依照衝突法則（涉外民法）指示之下，始有可能被允許。這使得當案件面臨外國強行法規與內國法規產生衝突時，法律上形成一定的「真空」狀態，特別是外國強行法規與系爭案件法律關係有著緊密的連繫時，而依照機械性適用涉外民法規定的結果，卻無法顧及這項事實時，法官僅能選擇「無可奈何」地依法判決，而毫無轉圜之餘地。

　　我國涉外民法迄今並未對於強行法規的適用問題有任何之指

示，誠爲立法上的一大漏洞。這使得涉外案件如牽涉到內外國強
行法規時，我國法院究竟應當依照何種法則或理論方法解決這類
法規之衝突，往往顯得莫衷一是。上開臺灣高等法院92年度上
易字第299號民事判決，即爲一例。

　　是以，如果吾人承認在實證面上終須對此一問題有所解
決，則一方面即應主張涉外民法之強制性必須緩和，以擴增運用
他項法律工具之機會；另一方面尚須積極參考國際公約與外國立
法例對於強行法規之衝突之相關規定，以作爲我國法官在選擇適
用外國強行法規時之重要法源依據。

　　在國際公約上，承認法官得考慮並賦予外國強行法規效力之
最有名的公約，當屬1980年羅馬契約準據法公約。公約第7條第
1項規定：「依本公約適用國家法律時，如系爭法律情狀與他國
有緊密連繫，如果並只有在此情形下，依該他國之法律，其強制
規定必須被適用，而不論契約準據法爲何時，該他國法律之強制
法規應賦予其效力。於考慮是否給予上開強制規定效力時，應考
慮其性質與目的，以及適用或不適用上開法規時之影響[31]。」

　　在外國立法例上，特別是法語系國家，對於法官是否得考慮
外國強行法規，以及對於外國強行法規的即刻適用等問題，原則

---

[31] 英文版本爲：
　　「Article 7
　　Mandatory rules
　　1. When applying under this Convention the law of a country, effect may be given
　　　to the mandatory rules of the law of another country with which the situation has
　　　a close connection, if and in so far as, under the law of the latter country, those
　　　rules must be applied whatever the law applicable to the contract. In considering
　　　whether to give effect to these mandatory rules, regard shall be had to their nature
　　　and purpose and to the consequences of their application or non-application.」

上均持肯定之看法。例如1987年瑞士聯邦國際私法第18條即規定：「基於其特殊目的，不問本法所指定之法律爲何，本法不影響瑞士強制條款之適用。」同法第19條：「合於瑞士法律概念之合法及顯然優越利益要求時，一個非本法指定法律之強行條款得予以考慮，如周遭之環境與該法有密切關係時。在決定是否該依條款加以考慮時，該條款之目的及適用之結果應予衡量，俾獲致符合瑞士法律概念之決定[32]。」又如1998年突尼西亞國際私法典第38條規定：「依立法理由，適用突尼西亞法律爲不可或缺時，法官不依衝突法則指示，直接適用突尼西亞之法律。考慮法規之目的，如果適用之外國法律爲不可或缺，並且與系爭法律關係有緊密連繫時，法官賦予未受衝突法則指定之外國法律效力。外國法律的公法性不得作爲拒絕適用或考慮適用之理

---

[32] 原文爲：

「Article 18

VI. Application de dispositions impératives du droit Suisse

Sont réservées les dispositions impératives du droit suisse qui, en raison de leur but particulier, sont applicables quel que soit le droit désigné par la présente loi.

Article 19

VII. Prise en considération de dispositions impératives du droit étranger

1　Lorsque des intérêts légitimes et manifestement prépondérants au regard de la conception suisse du droit l'exigent, une disposition impérative d'un droit autre que celui désigné par la présente loi peut être prise en considération, si la situation visée présente un lien étroit avec ce droit.

2　Pour juger si une telle disposition doit être prise en considération, on tiendra compte du but qu'elle vise et des conséquences qu'aurait son application pour arriver à une décision adéquate au regard de la conception suisse du droit.」

中文翻譯部分，參照劉鐵錚等著，瑞士新國際私法之研究，三民，1991年初版，頁30以下。

由[33]。」

此外，2004年比利時國際私法典第20條亦規定：「於根據本法適用一國之法律時，如根據與系爭法律關係具有緊密連繫之他國，其強制法規或公序規定應予適用而不論其是否受衝突法規之指示時，得賦予該他國法規之效力。為決定是否應賦予上開法規效力，應考慮法規之性質與目的，以及適用或不適用上開法規時之影響[34]。」

本文試將以上實證面與理論面之法律適用模式，整理列表說明如表2-1：

---

[33] 原文為：「Article 38. Sont directement applicables quel que soit le droit désigné par la règle de conflit, les dispositions du droit tunisien dont l'application est indispensable en raison des motifs de leur promulgation. Le juge donne effet aux dispositions d'un droit étranger non désigné par les règles de conflit s'il s'avère que ce droit a des liens étroits avec la situation juridique envisagée et que l'application desdites dispositions est indispensable, eu égard à la fin poursuivie. Le caractère de droit public de la loi étrangère n'empêche pas son application ou sa prise en considération.」

[34] 原文為：「Lors de l'application, en vertu de la présente loi, du droit d'un Etat, il peut être donné effet aux dispositions impératives ou d'ordre public du droit d'un autre Etat avec lequel la situation présente un lien étroit, si et dans la mesure où, selon le droit de ce dernier Etat, ces dispositions sont applicables quel que soit le droit désigné par les règles de conflit de lois. Pour décider si effet doit être donné à ces dispositions, il est tenu compte de leur nature et de leur objet ainsi que des conséquences qui découleraient de leur application ou de leur non-application.」

表2-1　涉外案件中不同性質之法律適用方式

法律衝突之主要模式	法院地法	外國法	可運用之法律工具	實證法例
假衝突[35]	非強行法	非強行法	衝突法則 單面法則	涉外民事法律適用法
假衝突	強行法	非強行法	即刻適用法理論 單面法則 衝突法則 公序良俗條款	涉外民事法律適用法第25條 瑞士聯邦國際私法第18條
假衝突	非強行法	強行法	即刻適用法理論 修正單面法則 衝突法則 公序良俗條款	1980年羅馬契約準據法公約第7條第1項前段 瑞士聯邦國際私法第19條 突尼西亞國際私法典第38條 比利時國際私法典第20條
眞衝突	強行法	強行法	即刻適用法理論 法院地法優位	1980年羅馬契約準據法公約第7條第1項後段

　　於表2-1中，最後一項法律眞衝突模式，即內外國強行法規對於系爭案件均有適用上利益的情形，在實證法上有1980年羅馬契約準據法公約第7條第1項後段可資參考，其規定：「於考慮是否給予上開強制規定效力時，應考慮其性質與目的，以及適用或不適用上開法規時之影響。」但羅馬契約準據法公約並未提出一項通則的、普遍的、客觀的判斷標準。

　　法國學者Pierre Mayer在解釋強行法規的衝突時，將之分類

---

[35] 在此一模式型中，假衝突雖爲主要之類型，但這不代表即無可能發生眞衝突之情形。

為內外國強行法規之衝突，與外國強行法規間之衝突二種。前者適用法院地法優位原則，主要是法院地法官並無獨厚適用外國強行法之堅強理由；而後者則需視個案情形，如認為外國之強行法規間均無調和之可能時，法官似應回歸羅馬契約準據法公約第7條第1項後段規定，斟酌各外國強行法規與系爭案件之連繫性，以決定應適用之法律[36]。

肆、判決的評釋：關於臺灣高等法院92年度上易字第299號民事判決

綜上所述，針對臺灣高等法院92年度上易字第299號民事判決意旨，可得而言者，約有下列數端：

一、法定利率是否為強行規定？

本案所牽涉國家之法律（我國、荷蘭）關於法定利率之規定均有不同，而此一規定是否屬於強行法規，涉及法規定性之問題。故首應討論者，為我國法官係依何標準就外國之法定利率規定予以定性之問題。

依法院地法定性標準說，法定利率規定之性質，在我國為強行規定無疑。（原）民法第205條規定：「約定利率，超過週年百分之二十者，債權人對於超過部分之利息，無請求權。」此一立法目的主要在於考慮債務人若為經濟上弱者，利息之負擔將更

---

[36] P. Mayer et V. Heuze, *op. cit.*, n° 130.

加壓迫債務人之經濟生活；若為相反時，利率之高低，亦足以伸縮資金之利用，對整體社會之金融流通，有重要之影響。為防止重利盤剝，故特設法定利率之規定，以貫徹國家之金融政策[37]。惟此項強行規定有違反時，並不會使法律行為歸於無效，僅債權人對超過之部分無請求權爾。故學者亦認為我國民法關於法定利率之規定，其有違反時法律效果即係民法第71條但書所稱之「但其規定並不以之為無效者，不在此限」[38]。

　　於實證法上，世界各國對於法定利率亦多有規定，所差別者多僅在於利率之高低不一爾。是以法定利率既為強行規定，則與一般私法規範自不可同日而語。本案授權契約關於遲延利息以月利率2%計算之約定，由於契約所選擇之準據法為荷蘭法，原則上關於利率的部分亦應與契約本身一致，即以荷蘭法作為約定利率之準據法。然而，因法定利率之規定被定性為強行法規，而此一強行法規在我國與荷蘭間標準有所差異時，此際即可能發生內外國強行法規衝突之問題。

二、外國法的適用問題或是內外國強行法規的適用問題

　　本案上訴人主張：「依我國涉外民事法律適用法第25條之規定，判斷外國法適用與否之標準，乃為公序良俗，而非我國法律之強制規定。」因而認為外國法中關於法定利率之規定，對我國法院而言，要屬外國法適用之問題。此一見解並為高等法院所

---

[37] 孫森焱，民法債編總論，自刊，1997年修訂10版，頁286。

[38] 此與一般違反強制或禁止規定時無效之法律效果情形有別。黃茂榮，民法總則，植根法學叢書，1982年，頁484。

接受，並進一步引申為：「涉外法律行為之當事人本得依據涉外民事法律適用法第6條規定選定準據法，如選定之法律未違反同法第25條有關『公共秩序』或『善良風俗』之規定，則選定準據法之內容及效力應屬適法。是判斷外國法適用與否之標準，乃係上述條文之『公共秩序』或『善良風俗』，而非我國法律之『強制規定』。」惟此一見解，顯然混淆外國法適用與內外國強行法規適用兩種不同層次之問題，實有辨明之必要。

　　所謂外國法適用問題，一般連結的原則為公序良俗條款，亦即我國涉外民法舊法第25條所謂：「依本法適用外國法時，如其規定有背於中華民國公共秩序或善良風俗者，不適用之。」傳統上我國國際私法學者討論外國法適用問題時，均一併就外國法之性質為討論，以進一步說明外國法適用錯誤或不當時，法院應如何處理等問題[39]。惟須指出者，乃外國法的適用與外國強行法規的適用事實上為不同層次之問題。前者所討論者，係在衝突法則下依雙面法則或單面法則之指示適用外國法之情形；後者則直接牽涉到法官是否應直接依照特定外國法內容、目的與適用或不適用該外國法時之影響，決定其適用與否之情形。易言之，如果我們討論的是外國法的適用，則考慮的問題應該有兩個層面：依照衝突法則，是否指示案件應適用外國法？以及適用外國法的效果，如有違反法庭地的法律秩序時，應該如何處理？而如果所討論的問題是外國強行法規的適用時，則思考的層面為法官

---

[39] 我國學者有認為，外國法為事實或法律，「乃訴訟程序上舉證責任誰屬的問題，為外國法證明的問題，並非選法的問題，論理邏輯上與外國法的適用應該加以區別」。蔡華凱，外國法的主張、適用與證明—兼論國際私法選法強行性之緩和，東海大學法學研究，第24期，2006年6月，頁175以下。

是否應考慮適用外國強行法規？應該在如何的標準下適用外國強行法規？以及當內外強行法規發生衝突時，何者必須讓步等問題[40]。

本案關於法定利率之規定，既經定性為強行法規，則對我國法官而言，荷蘭法（外國法）上關於法定利率之規定，自然應屬外國強行法規適用問題，而非外國法適用問題。於此以涉外民法舊法第25條檢驗該外國法規之適用，在推論上即有可議之處。並且，法院判決中並未針對本案事實上所存在之內外國強行法規不一致之衝突現象予以評論，一方面或許是因為上訴人與被上訴人在聲明與答辯理由中均僅就是否適用涉外民法舊法第25條討論，而未提及此一問題，另一方面亦應是因為外國強行法規之適用，在我國立法上仍欠缺明文之規定，屬於立法之闕漏，加之以我國法院一向將涉外民法賦予強制性之觀點，使得應援用以解決此一問題之即刻適用法理論無從發揮，誠屬可惜。

三、如何判定強行法規之優先適用？

原則上，內國法官並無義務考慮適用外國之強行法規，依此而論，對於強行法規適用範圍的判斷，應當是單面式的。然而，基於調和（conciliation）內外國法律制度的理念，在實證

---

[40] 是以就外國強行法規之適用，可援用判斷的依據為即刻適用法理論，而非衝突法則。故美國學者有稱即刻適用法理論為功能性的方法，意即此一理論係依據法規的政策比較為中心之方法，與傳統上衝突法則間接指涉準據法的方法有別。T. G. Guedj, The Theory of the Lois de Police, A Functional Trend in Continental Private International Law-A Comparative Analysis with Modern American Theories, 39 Am. J. Comp. L. 661, 1991.

法上仍然准許內國法官在一定的條件下考慮外國強行法規的適用，此觀諸前述1980年羅馬契約準據法公約第7條、瑞士、突尼西亞與比利時國際私法典之規定自明。換言之，內國法官並非得毫無限制地考慮外國強行法規的適用，僅有在該外國強行法規與系爭之法律關係間具備緊密連繫性時，內國法官始需考慮外國強行法規的適用問題[41]。

再者，外國強行法規的適用必須在內國強行法規之前讓步，這幾乎是世界各國法院的通例。各國的法官既係基於維護其國家法律秩序與利益而為判決，則當內外國強行法規產生積極衝突（真衝突）時，自然外國強行法規應予讓步，而適用內國之強行法規。除非在考量該外國強行法規之性質與目的，以及適用或不適用上開法規時之影響後，認有堅強的理由證明外國強行法規有例外適用的必要，否則將造成正義之危害外，原則上內國強行法規的優位性，應當是毫無置疑的。

而在外國強行法規間產生衝突的情形（儘管這種情形極為罕見），則無法用一個普遍的原則概括認定應適用何外國強行法規，此時仍應回歸就法規之內容本身，從事功能性的分析，就其與系爭法律關係的連繫性、目的性與適用妥當性做具體的評估，以決定適用何國之強行法規。

就本案而言，要屬內國強行法規與外國強行法規發生積極衝

---

[41] 這種觀點即所謂「強行法之特別連結論」。依此說法官適用外國強行法應符合三項要件：1.事件與該第三國之間有充分的密切關聯性；2.該第三國之強行法規有意為此適用；3.適用該第三國之強行法規，可促進法庭地國之國家、社會之利益，從而不能違反法庭地國公序良俗。參考韓世祺，彈性衝突法理論之研究，輔仁大學法律研究所碩士論文，2001年6月，頁165以下。

突（眞衝突）之情形。依照上開內國強行法規優位原則而論，似宜認爲本案應適用我國民法關於法定利率之規定，而非荷蘭之法律。故此際我國法院得宣告即刻適用內國之強行法規，即法定利率週年20%的限制，而不需透過涉外民法之衝突法則模式論斷外國法的適用效果等問題。

伍、結　論

　我國涉外民法對於外國強行法規之適用問題，並無任何規範，此誠爲立法上一大闕漏，亦使得我國法院在遭遇涉外案件牽涉外國強行法規之情形時，往往面臨無法可用之尷尬境地。

　涉外民法的強制性向來爲我國法院實務所一向堅持，然而，過分堅持強制性的結果，將抑制其他理論改進或提出之可能，並且使得原屬不同層次問題產生混淆之現象。本文中所例示之臺灣高等法院92年度上易字第299號民事判決所面臨的困難即爲一例，該判決並未釐清外國法的適用與外國強行法規的適用屬不同之兩個問題，而一律機械性地按衝突法則（在本案爲當事人意思選法）選擇案件之準據法，無視於內國強行法規相較於外國強行法規所應該享有較高位階之效力，其論證之方向，似值重新檢討。

　關於外國強行法規之適用問題，實可參考早經歐陸國際私法學界所認同，並受實證法所引用之即刻適用法理論，作爲判斷強行法規衝突之依據。具體的做法可待我國法院承認涉外民法強制

性應予以緩和後，引進1980年羅馬契約準據法公約第7條第1項作為外國強行法規適用之檢驗標準，並同時承認內國強行法規的優位性以茲解決[42]。

---

[42] 涉外民事法律適用法中似仍未就外國強行法規之適用問題有所規定，可以預見的是，將來此一問題在我國仍有法規闕漏之現象，立法面亟待補其不足。

參考文獻

一、中文部分

吳光平，即刻適用法及其於海事國際私法上貨物運送法律關係之運用—並論我國海商法第七十七條之規定，法學叢刊，第189期，2003年11月。

吳光平，重新檢視即刻適用法—源起、發展，以及從實體法到方法的轉變歷程，玄奘法律學報，第2期，2004年12月。

吳光平，國際私法上的即刻適用法於法院實務及實證立法之運用，輔仁法學，第29期，2005年6月。

柯澤東，國際私法新境界—國際私法專論，元照，2006年。

柯澤東，從國際私法方法論探討契約準據法發展新趨勢—並略評兩岸現行法，國立臺灣大學法學論叢，第23卷第1期，1993年12月。

孫森焱，民法債編總論，自刊，1997年修訂十版。

許兆慶，海事國際私法上「至上條款」與「即刻適用法」簡析—兼評新海商法第七十七條之訂定，月旦法學雜誌，第78期，2001年11月。

許兆慶，國際私法上「即刻適用法」簡析，軍法專刊，第42期第3卷，1996年3月。

陳隆修，美國國際私法新理論，五南，1987年。

陳隆修、許兆慶、林恩瑋合著，國際私法：選法理論之回顧與展望，2007年1月。

黃茂榮，民法總則，植根法學叢書，1982年。

劉鐵錚等著，瑞士新國際私法之研究，三民，1991年。

蔡華凱，外國法的主張、適用與證明—兼論國際私法選法強行性之緩

和，東海大學法學研究，第24期，2006年6月。

黎文德，我國司法實務上國際私法之發展，月旦法學雜誌，第89
期，2002年10月。

賴來焜，當代國際私法學之基礎理論，自刊，2001年。

韓世祺，彈性衝突法理論之研究，輔仁大學法律研究所碩士論文，
2001年6月。

二、外文部分

A. Bucher, Vers l'adoption de la méthode des intérêts? Réflexions à la
lumière des codifications récentes, TCFDIP, 1993-1995.

B. Audit, Droit International Privé, Economica, 3e éd., 2000.

H. Batiffol, Le pluralisme des méthodes en droit international privé,
RCADI, 1973.

J. Foyer, Les mesures d'assistance éducative en droit international
privé, RCDIP, 1965.

P. Gothot, Le nouveau de la tendance unilatéraliste en droit internation-
al privé, RCDIP, 1971.

P. Mayer et V. Heuze, Droit International Privé, Montchrestien, 8e éd.,
2004.

P. Mayer, Les lois de police étrangères, J.D.I., 1981.

Ph. Francescakis, Quelques précisions sur les lois d'application im-
médiate et leurs rapports avec les règle de conflit de lois, RCDIP,
1966. 1.

T. G. Guedj, The Theory of the Lois de Police, A Functional Trend in
Continental Private International Law-A Comparative Analysis
with Modern American Theories, 39 AM. J. COMP. L. 661, 1991.

Y. Loussouarn, Cour général de droit international privé, RCADI, 1973.

Y. Loussouarn, P. Bourel et P. De Vareilles-Sommieres, Droit International Privé, Dalloz, 8e éd.

|第三章|
我國同性婚姻之法律衝突問題

幸福是一個苛刻的主人，尤其是他人的幸福。

Happiness is a hard master–particularly other people's

happiness.

——《美麗新世界》，赫胥黎

Brave New World, Aldous Huxley, 1932

壹、前　言

　　我國同性婚姻議題起源於上世紀的80年代，1986年祁家威首度提出同性公證結婚申請後被拒絕，於是開始了長達三十多年的同性婚姻平權運動[1]。2003年臺灣社會開始舉行同志遊行，2006年民主進步黨立委蕭美琴首次提出同性婚姻法，因未獲多數立法委員支持，而未交付審查。之後爭取同性婚姻平權的主力社團台灣伴侶權益推動聯盟（TAPCPR）於2009年成立，開始大力推動「多元成家」之概念與法案。2015年7月24日臺北市政府以適用民法有關限制同性別國民不得訂立婚約或結婚登記，有牴觸憲法之疑義為由，向內政部提出釋憲聲請書，轉呈司法院解

---

[1] 劉子維，台灣同婚推手祁家威：「我不是自己要結婚」，https://www.bbc.com/zhongwen/trad/chinese-news-40048682，2021年7月7日。

釋，同年8月20日祁家威以最高行政法院103年度判字第521號判決適用法律侵害人格權、人性尊嚴、結婚以組織家庭之自由權利等違憲為由，亦向司法院提出釋憲聲請。2016年立法委員尤美女等提出民法親屬編部分條文修正草案，同年12月26日經司法及法制委員會初審通過多個版本提案後，2017年5月24日，司法院大法官會議做成釋字第748號解釋，正式宣告支持同性婚姻之立場。

　　釋字第748號解釋主文如此揭櫫婚姻平權的意旨：「民法第四編親屬第二章婚姻規定，未使相同性別二人，得為經營共同生活之目的，成立具有親密性及排他性之永久結合關係，於此範圍內，與憲法第22條保障人民婚姻自由及第7條保障人民平等權之意旨有違。有關機關應於本解釋公布之日起二年內，依本解釋意旨完成相關法律之修正或制定。至於以何種形式達成婚姻自由之平等保護，屬立法形成之範圍。逾期未完成相關法律之修正或制定者，相同性別二人為成立上開永久結合關係，得依上開婚姻章規定，持二人以上證人簽名之書面，向戶政機關辦理結婚登記。」

　　然而，在釋字第748號解釋出台後，立法院始終沒有就民法親屬編進行修正，臺灣社會關於同性婚姻的問題仍存在許多爭議，特別是對於究竟是要修正民法親屬編條文內容以符合釋字第748號解釋，還是要另立同性婚姻專法以配合釋字第748號解釋，贊成與反對的陣營仍有激烈的辯論，最終在2018年11月24日導致了公民投票三案的出現：「你是否同意民法婚姻規定應限定在一男一女的結合？（第10案）」「你是否同意以民法婚姻規定以外之其他形式來保障同性別二人經營永久共同生活的權

益？（第12案）」以及「你是否同意，以民法婚姻章保障同性別二人建立婚姻關係？（第14案）」[2]。

公民投票的結果，第10案、第12案通過，而第14案未能通過[3]。易言之，大多數民眾認為不應修改民法，而應另行立法以保障同性「永久結合關係」[4]。這不啻又丟給立法機關一個難題：**究竟應該以什麼樣的法律形式來保障「同性婚姻」**？為此，法務部以及司法院內部均召開多次會議討論，仍在「專法」或是「專章」之間搖擺不定，於是2019年2月19日，由行政院會議審議通過「司法院釋字第七四八號解釋施行法」（以下簡稱「施行法」），終結「專法」與「專章」的爭議。施行法並於2019年5月17日經立法院會三讀通過，同年5月22日由總統公布施行。

施行法內容總計27條，雖名之為「施行法」，卻具有實體法之性質[5]。依據施行法第2條：「相同性別之二人，得為經營共同生活之目的，成立具有親密性及排他性之永久結合關係。」及第24條：「民法總則編及債編關於夫妻、配偶、結婚或婚姻

---

[2]　參考公民投票公告，https://web.cec.gov.tw/upload/file/2018-11-09/ad9a3c4c-82a4-4d77-b3e5-d234d830f514/3fcff04246193159fea3fa8365dcd915.pdf?fbclid=IwAR0Ty6AgDO5lo3yAD5Ca6ZaCuQA2Njig36aiJE60JIxYtg91V3h6IiGbeds，2021年7月7日。

[3]　第10案72.5%同意，27.5%不同意；第12案61.1%同意，38.8%不同意；第14案32.7%同意，67.2%不同意。

[4]　就此而言，反對陣營向來主張「同性婚姻」並非「婚姻」，公投題目設計上亦以「同性別二人經營永久共同生活」稱之。

[5]　一般而言，施行法僅規定法律適用之程序，而不規定實體之權利義務分配。筆者個人認為，事實上這是一個立法名稱上兩面討好的設計，既想要迴避另立專法的爭議，又想要不違背釋字第748號解釋的精神，參考林恩瑋，「施行法」：贏得各自宣稱的勝利？，蘋果日報民意論壇，2019年2月24日，https://tw.appledaily.com/new/realtime/20190224/1522675/，2021年7月7日。

之規定，於第二條關係準用之（第1項）。民法以外之其他法規關於夫妻、配偶、結婚或婚姻之規定，及配偶或夫妻關係所生之規定，於第二條關係準用之。但本法或其他法規另有規定者，不在此限（第2項）。」等規定，均可看出施行法將民法婚姻編、繼承編中關於婚姻之相關規定，幾乎均一體適用於同性婚姻關係[6]。

　　成問題者，施行法僅就內國的同性婚姻關係做出了實體法上的相關規定，但對於涉外同性婚姻關係應如何適用法律，仍無明文。特別是我國現行法制上，對於與大陸地區人民之婚姻、與港澳地區人民之婚姻及與外國人民之婚姻在法律適用規定上均不完全相同，現行我國各級法院對於此一問題應如何處理，亦乏指示。**具體地說，「同性婚姻」是否即為「婚姻」？此一國際私法上之定性問題將一併牽連到對於涉外同性婚姻的準據法適用問題，自宜先予辨明（標題貳以下）。而法律在保障涉外「同性婚姻」與涉外「婚姻」的標準上，是否得有所差異，還是均應當一致？此涉及對於同性婚姻制度性保障的範圍應當到什麼程度的問題，亦有討論之必要（標題參以下）。**因篇幅有限，本文以下即針對相關我國現行涉外民事法制規定，就同性婚姻中關於結婚與離婚之法律衝突問題，進行分析，期能盡量以運用解釋論之方法處理此一問題，並收拋磚引玉之效。

---

[6]　少數的例外，如夫妻稱姓（民法第1000條）、子女婚生推定（民法第1063條）、姻親規定（民法第969條）及部分收養規定（施行法第20條僅規定：第二條關係雙方當事人之一方收養他方之親生子女時，準用民法關於收養之規定），於同性婚姻關係中並不準用。

貳、定性問題

一、同性婚姻是否為婚姻

同性婚姻之法律衝突問題上，首先需解決的，是定性（qualification; classification）問題。事實上，關於同性婚姻是否應當定性為傳統婚姻制度的一類，在世界各國的衝突法實踐中迭有爭議，特別是在外國成立的同性婚姻，在無相關制度的內國法院應當如何定性其法律關係，更成問題。例如英國高等法院（High Court）的Wilkinson v. Kitzinger & Ors.乙案[7]，原告Wilkinson女士在英國有住所，2003年於加拿大英屬哥倫比亞省（British Columbia）依照當地法律，與另一位英國籍女士締結合法的同性婚姻。而當時英國法律並未承認同性婚姻，僅有2004年的民事伴侶關係法（Civil Partnership Act）規定民事伴侶關係[8]。原告在本案中主張，英國法院應承認其在加拿大締結之同性婚姻效力。理由是英國法院如根據訴訟當時當事人之住所地

---

[7] [2006] EWHC 2022 (Fam). 並參考Janeen M. Carruthers, Socts Rules of Private International Law Concerning Homosexual Couples, Electronic Journal of Comparative Law, Vol. 10: 3, 2006. 12, http://www.ejcl.org/103article103-5.pdf，2021年7月7日。

[8] 民事伴侶關係，或稱為「註冊伴侶關係」（registration partnership）、「民事結合」（civil union）、「民事共同生活契約」（pacte civil de solidarité），最早源自於丹麥，為一種新型的家庭結合方式，無論同性異性均可締結。在法律的定性上，一般認為這種伴侶關係與婚姻制度並不相同，最大的差異在於締結伴侶的雙方對彼此並不負有忠貞義務。參考林恩瑋，同姓婚姻的第三條路？法國「民事共同生活契約」制度簡介，法令月刊，第63卷第11期，2012年，頁99-114；許耀明，家的解構與重構：從法國、德國、比利時與歐盟層次新近法制談「異性婚姻」外之其他共同生活關係，國際私法新議題與歐盟國際私法，2009年，頁357。

法，將無法承認同性婚姻之效力，而如果法院依據英國2004年的民事伴侶關係法將系爭同性婚姻定性爲伴侶關係，將不啻對其婚姻關係之地位是一種「降等」（downgrading）。因此原告進一步主張，就是否承認同性婚姻這樣的爭議，是重大並具有一般公共重要性的，從公益的角度來看，法院也必須處理這項爭議。然而，英國法院最終還是未採用原告的觀點，認爲系爭的同性婚姻關係在英國仍被認爲是伴侶關係，而非婚姻關係，並且這種認定並未侵害原告人權，亦無違反1973年婚姻訴訟法（Matrimonial Causes Act）第11(C)條之規定。

　　類似的爭議尚有將同性婚姻另外以專法保障以區別傳統婚姻制度，是否違反平等原則等等，在定性的過程中，事實上時常糾結了許多不同立場價值觀間之對立與考慮[9]。由於我國各級法院在涉外定性問題上，普遍採取的標準爲法院地法標準[10]，而我國目前尚未引進伴侶制度，因此在面臨此類案件時，法制定性上所考慮的問題主要有二：一爲在國外所締結之伴侶制度，在我國法制下應當如何進行定性？是否應將伴侶制度「等同」於婚姻制度？此一問題因涉及立法論與解釋論上的探討，宜另行著文論述，於此暫不討論；另一問題則爲「同性婚姻」本身的定性問

---

[9] 有些國家則是直接以立法方式，明確規定於外國成立之同性婚姻關係，在內國等同於伴侶關係。例如瑞士聯邦國際私法第45條第3項即規定，相同性別之人成立於國外之有效婚姻在瑞士亦承認等同於註冊伴侶。（Un mariage valablement célébré à l'étranger entre personnes du même sexe est reconnu en Suisse en tant que partenariat enregistré.）

[10] 關於定性標準之問題，學說上向來有許多討論，無論是採行法院地法標準說、本案準據法標準說，或是法理說，在實際案件操作上，受限於法官的教育訓練與國家法律適用上的義務，大多採用法院地法標準說，作爲涉外案件中定性的基礎。柯澤東、吳光平，國際私法，2016年五版，頁50。

題，易言之，如果涉外民事案件，當事人就同性婚姻所生之爭議，在我國法院提起訴訟時，依據法院地（臺灣）法的標準，**「同性婚姻」是否應即定性為「婚姻」**？

二、 施行法與涉外民事法律適用法之修正爭議

雖然釋字第748號解釋於本文中並未提及同性婚姻一詞，而係以「相同性別二人，得為經營共同生活之目的，成立具有親密性及排他性之永久結合關係」作為同性婚姻的敘述方式，但其理由書中進一步說明：「現行婚姻章僅規定一男一女之永久結合關係，而未使相同性別二人亦得成立相同之永久結合關係，係以性傾向為分類標準，而使同性性傾向者之婚姻自由受有相對不利之差別待遇。」既以「婚姻自由」為立論基礎，其立場似偏向將上開「相同性別二人，得為經營共同生活之目的，成立具有親密性及排他性之永久結合關係」定性為婚姻制度之一類。

然而，以施行法之規定觀之，則未必可做相同的定性。首先，施行法通篇不使用同性婚姻一詞，第2條用語為「為經營共同生活之目的，成立具有親密性及排他性之永久結合關係」，顯得十分冗長，而在施行法中許多條文，均以「第二條關係」稱之，而所謂「第二條關係」，其性質又與「婚姻」十分近似，例如施行法第4條規定成立「第二條關係」得向戶政機關辦理結婚登記[11]；第7條引用單婚制原則，規定：「有配偶或已成立第二

---

[11] 法條規定為：「成立第二條關係應以書面為之，有二人以上證人之簽名，並應由雙方當事人，依司法院釋字第七四八號解釋之意旨及本法，向戶政機關辦理結婚登記。」

條關係者，不得再成立第二條關係（第1項）。一人不得同時與二人以上成立第二條關係，或同時與二人以上分別為民法所定之結婚及成立第二條關係（第2項）。已成立第二條關係者，不得再為民法所定之結婚（第3項）。」顯然就是希望將「第二條關係」納入同屬於婚姻制度的分類中，作為另一種「婚姻」類型的分支。

　　其次，從施行法的另外一些條文規定觀之，解釋上似乎又有將「第二條關係」獨立概念於「婚姻」之外，成為另一種家庭組合型態的可能性。例如施行法第16條規定：「第二條關係得經雙方當事人合意終止。但未成年人，應得法定代理人之同意（第1項）。前項終止，應以書面為之，有二人以上證人簽名並應向戶政機關為終止之登記（第2項）。」法條用語為「終止」、「第二條關係」，而非離婚。同樣在施行法第17條，也幾乎複製了民法第1052條判決離婚事由之規定，法條用語開頭為「第二條關係雙方當事人之一方有下列情形之一者，他方得向法院請求終止第二條關係」，而非離婚。這樣的立法將使得司法實務工作者感到困惑。一個最基本的問題，判決書的主文該怎麼下？將可能不是法官簡明扼要地昭示「准原告與被告離婚」，而是使用「准原告與被告終止司法院釋字第七四八號解釋施行法第二條關係」這種冗長的文字；並且，根據上開施行法第16條規定，「終止司法院釋字第七四八號解釋施行法第二條關係」向戶政機關進行的登記並非離婚登記，而是「終止登記」，換句話說，這種登記將是戶籍法第4條第6款之「依其他法律所為登記」，而非同法第4條第1款（四）的「結婚、離婚登記」。從這個角度來說，立法者顯然並非完全將「第二條關係」之性質等

同於婚姻，如此立法不夠明確的情況下，將會造成法官在判決與適用法律上的困難。

　　本文認為，從釋字第748號解釋自「婚姻自由」保障立論等意旨觀之，應該認為所謂「第二條關係」，事實上性質即等同於婚姻。而既然臺灣在法制上承認同性婚姻制度，應認為即使在外國成立之同性婚姻，依照臺灣法律定性，亦應認為當事人間成立等同於婚姻之法律關係。

　　與定性問題相關聯的，則是涉外民事法律適用法（下稱「涉外民法」）的立法問題。由於現行涉外民法並無特別對於涉外同性婚姻為任何之單獨立法，最相近的條文為涉外民法第46條：「婚姻之成立，依各該當事人之本國法。但結婚之方式依當事人一方之本國法或依舉行地法者，亦為有效。」因此，本條之規定是否也同樣適用於施行法所稱的「第二條關係」，則在臺灣司法實務上引起了一些爭議。

　　最大的問題在於文字上的用語：施行法並不將「第二條關係」直接明文稱之為婚姻。而即使施行法第4條規定：「成立第二條關係應以書面為之，有二人以上證人之簽名，並應由雙方當事人，依司法院釋字第七四八號解釋之意旨及本法，向戶政機關辦理結婚登記。」使得「第二條關係」看起來似乎與婚姻相同，都須辦理結婚登記。但在成文法無明文的情形下，臺灣司法實務人員在此一問題認定上還是會趨於保守謹慎，慣例上大多會等候或期待最高法院或司法院能夠就此問題有明確的指示。然而到目前為止，司法院與最高法院均未就此一問題表示過明確意

見[12]。

　　實則此一問題從涉外民法立法以來的分類方式來看，應該不難理解。通常立法者在涉外民事法律關係上，所採取的法律類型，相較於實體民法來說，是較為概括、一般性的分類。例如在契約的分類上，涉外民法不採實體法上有名契約的分類方式而分別定其準據法，僅概括地於第20條中規定：「法律行為發生債之關係者，其成立及效力，依當事人意思定其應適用之法律（第1項）。當事人無明示之意思或其明示之意思依所定應適用之法律無效時，依關係最切之法律（第2項）。法律行為所生之債務中有足為該法律行為之特徵者，負擔該債務之當事人行為時之住所地法，推定為關係最切之法律。但就不動產所為之法律行為，其所在地法推定為關係最切之法律（第3項）。」而將本條所揭櫫之法律適用原則，統一適用在各種類型的涉外契約爭議中。

　　換句話說，涉外民法的法律類型分類方式，不一定要與實體民法的分類方式相同。採用概括、一般性的立法向來是立法者在涉外民法中的慣習方式，而同性婚姻（第二條關係）亦應當作如是觀。**本文認為，在現代婚姻制度被賦予新意義，並且臺灣身分法制上並未採取類似註冊伴侶關係制度的現實下，「第二條關係」不妨被視為是婚姻的另一種類型，立法上似無必要為此再造一個分類，而應類推適用涉外民法第46條規定，亦即以各該**

---

[12] 2019年6月4日司法院曾邀請學界及各級法院、相關行政部門召開「配合司法院釋字第七四八號解釋施行法，研議修正涉外民事法律適用法相關規定之意見徵詢會議」，會中學者幾一致表示，在我國涉外民事法律適用法體系下，「第二條關係」應定性為婚姻，適用涉外民事法律適用法第46條之規定。

當事人之本國法作為同性結婚實質要件之準據法，以選擇適用同性結婚舉行地法、各該當事人之本國法方式定同性結婚形式要件之準據法即可。

參、準據法選擇問題

　　在結婚的準據法問題上，各國法制大致上可分為屬人法主義與舉行地法主義兩種不同的標準。前者認為婚姻屬於身分上屬人事項之一，因此應適用屬人事項相關之法則，又因為在屬人事項上採取不同的連繫因素標準，可再分為住所地法主義與本國法主義二類；後者則源於法則區別說所倡之「場所支配行為」（locus regit actum）原則，認為婚姻屬於契約的一種（身分上契約），而契約之成立通常依據締約地法，因此婚姻亦當然適用婚姻舉行地法[13]。

　　涉外民法第46條就結婚之準據法選擇，在結婚實質要件部分，規定「婚姻之成立，依各該當事人之本國法」，明確採行當事人各該本國法主義，亦即在準據法適用方式上，採取準據法分別適用方式，各自適用結婚當事人本國法律之規定，以判斷結婚之效力，而解釋上所謂當事人之本國法，應指「結婚時」之本國法[14]；在結婚形式要件部分，同條但書規定「但結婚之方式依當事人一方之本國法或依舉行地法者，亦為有效」，採取準據法選擇適用屬人法或舉行地法方式，立法目的在於盡量有助於涉外婚

---

[13] 劉鐵錚、陳榮傳，國際私法論，2018年，頁413。

[14] 或稱為準據法之並行適用、分配適用方式。劉鐵錚、陳榮傳，同前註，頁417。

姻關係之成立，不因各國形式要件規定差異而受影響。

關於同性婚姻之準據法適用問題，依據我國法律定性，主要涉及的應是結婚實質要件問題。因此首先應當檢視者，為關於結婚之實質要件準據法，採用當事人各該本國法主義是否合理之問題。

一、各該當事人本國法主義之問題

在同性婚姻定性採婚姻關係的前提下，由於涉外民法第46條對於結婚準據法採取各該當事人本國法主義，此一立法型態於外國法制亦接受同性婚姻的情形，並不會產生太大的問題，例如比利時法接受同性婚姻，因此當同性的比利時人與臺灣人在臺灣締結同性婚姻時，該婚姻應認為有效。然而，這種立法型態卻可能因為各國性別政策不一致，而造成涉外跛行同性婚姻的出現，例如日本目前為止尚未能接受同性婚姻，當同性的日本人與臺灣人在臺灣締結同性婚姻時，依據涉外民法第46條規定，該同性婚姻應認為無效。

因此，這造成一種很奇怪的結果：同樣是涉外同性婚姻，卻因為當事人本國法的作用，而有不同的法律效果。特別是當同性婚姻當事人於婚後若以臺灣作為其生活中心地，而非禁止同性婚姻之本國時，各該當事人本國法主義尤其顯現出其不合理之處。**我們要如何說服，同樣以臺灣為生活重心的外國同性伴侶，僅因其本國法禁止同性婚姻的成立，而在臺灣將受到不同法律層級的保護？這種區別差異對待的制度現象是否具有合理性的基礎？**

　　就此一問題，吾人或許可以參考國外結婚實質要件準據法之法制發展經驗，加以進一步思考。在結婚實質要件問題上採取舉行地法主義之國家，上開問題因統一適用舉行地法，因此涉外同性婚姻之結婚是否成立，亦僅取決於婚姻舉行國法律是否承認同性婚姻。一個較值得提出參考的國家，是同樣採用舉行地法主義的瑞士。瑞士聯邦國際私法第43條第1項規定：「結婚當事人中之一人有住所在瑞士或具有瑞士國籍者，瑞士主管機關有權為其婚姻舉行婚禮[15]。」明文規定了在瑞士結婚所應具備之實質要件，而在同法第44條中復規定：「在瑞士舉行之結婚適用瑞士法[16]。」由於目前瑞士國內法尚未承認同性婚姻，僅有註冊伴侶制度，故同性之外國人即使在瑞士有住所，尚無法於瑞士境內與其他同性之外國人或同性之瑞士人進行合法有效的結婚行為。那麼，如果同性之外國人間或與瑞士人間於國外舉行同性結婚儀式時，又當如何評價其身分關係？瑞士聯邦國際私法第45條第3項則明確將之定性為註冊伴侶關係[17]。

　　採行舉行地法主義的國家，好處在於認定涉外婚姻的成立結果較容易預測、明白確定，特別是對於新型態的民事結合關係，可透過立法上的直接定性方式（例如上開瑞士聯邦國際私法第45條第3項規定），有效降低司法實務工作者在此類新興法律關係定性判斷過程中的不確定性。不過，從方法論上而言，舉行

---

[15] 原文為：「Les autorités suisses sont compétentes pour célébrer le mariage si l'un des fiancés est domicilié en Suisse ou a la nationalité suisse.」

[16] 原文為：「La célébration du mariage en Suisse est régie par le droit suisse.」

[17] 原文為：「Un mariage valablement célébré à l'étranger entre personnes du même sexe est reconnu en Suisse en tant que partenariat enregistré.」

地法主義往往呈現出一種單面法則的立法形式，這種立法形式隱含著規避法律的風險。由於結婚行為形成婚姻關係，婚姻關係又與國家入出境移民政策、社會福利政策、財稅政策間有相當之關聯性，因此，為了避免產生逛選婚姻（marriage shopping）、權宜婚姻（marriage of convenience）或白色婚姻（mariage blanc，俗稱「假結婚」）等現象出現，採行舉行地法主義的國家多會規定在其境內結婚必須仍具備一定之條件（例如上開瑞士聯邦國際私法第43條第1項規定），至少要求結婚當事人需與舉行地具有最小限度的關聯，或是要求當事人提出文件證明其並無阻礙其在舉行地結婚之事由存在[18]，始得承認其結婚之效力。這種最小限度的關聯要求，在承認同性婚姻的國家中，不僅適用於涉外異性婚姻，亦適用於涉外同性婚姻。

　　而在結婚實質要件問題上採取各該當事人本國法主義之國家，則面臨到當結婚一方當事人本國法拒絕承認同性婚姻時，將阻礙同性婚姻之效力，進一步有可能促使這些受挫的當事人尋求在他國逛選婚姻，尋求有效成立同性婚姻關係之可能。因為有著上述的考慮，一些承認同性婚姻並採取本國法主義的國家，會另行就結婚當事人之資格為特別之規定，使之至少與該國具

---

[18] 例如挪威法，原則上採行婚姻有效原則（favor matrimonii）政策，即結婚無論當事人是否具有挪威國籍，均依挪威法，例外於當事人為外國籍，又於挪威無習慣居所時，始要求其提出文件證明並無阻礙其結婚之事由存在，方准結婚。Patrick Wautelet, Private International Law Aspect of Same-Sex Marriages and Partnerships in Europe Divided We Stand?, Legal Recognition of Same-Sex Relationships in Europe, 2012 Intersentia, p. 7, 參考網址：http://hdl.handle.net/2268/97138，2021年7月7日。

有最小限度的關聯[19]。例如荷蘭民法第十編第10.3.1節第10：28條（Dutch Civil Code, Book 10, Section 10.3.1, Article 10: 28）b項，就結婚之成立要件採各該當事人本國法；a項則規定結婚之當事人須具有荷蘭國籍，或在荷蘭必須有習慣居所，即是出於這種考慮[20]。

　　除了上述的立法類型外，另外亦有承認同性婚姻並採取本國法主義的國家，將保障同性婚姻之價值等同於該國之公共秩序[21]，而採取更寬鬆承認涉外同性婚姻效力的立法模式，例如

---

[19] Curry-Summer, Private International Law Aspects of Homosexual Couples: The Netherlands Report, Electronic Journal of Comparative Law, Vol. 11: 1, 2007. 5, 參考網址：https://www.ejcl.org/111/art111-8.pdf，2021年7月7日。

[20] 原文為：

「Article 10: 28 Recognition of the contracting of a marriage

A marriage is contracted:

a. if each of the prospective spouses meets the requirements for entering into a marriage set by Dutch law and one of them is exclusively or also of Dutch nationality or has his habitual residence in the Netherlands, or;

b. if each of the prospective spouses meets the requirements for entering into a marriage of the State of his nationality.」

[21] 國內類似的主張，參考簡至潔、許秀雯，同婚過關後，仍不知何處是盡頭—跨國同婚何解？參考網址：https://opinion.udn.com/opinion/story/10124/3970652，2021年7月7日。該文作者認為：「司法院在跨國同婚事件，能考慮做成函釋，以涉外民事法律適用法第8條規定來排除『禁止同性婚姻』的外國人本國法之適用，如此當能迅速解決目前跨國同婚法律適用之難題，並貫徹大法官肯認同性婚姻具憲法基本權效力之意旨。」此外，臺北高等行政法院108年度訴字第1805號判決認為：「司法院釋字第748號解釋所確立的前開法律秩序基本原則，並已透過立法權行使所代表的民主正當性，明確納入而成為我國現行法律秩序之一部分，已無疑義。又針對前開涉外民事第46條規定之適用結果，以目前全球承認同性婚姻國家並非多數的現狀，若我國國民與不承認同性婚姻國家人民締結婚姻，恐因不具備其本國法之成立要件而不被承認，為更加周延保障我國國民之自由平等權益、人格健全發展與人性尊嚴，司法院亦已擬具涉外民法第46條規定修正草案（目前草案內容係增列但書：『但適用當事人一方之本國法，因

2004年比利時國際私法典。比利時於2003年通過法律（比利時民法典第143條）認可同性婚姻效力[22]，成爲全世界第二個承認同性婚姻的國家（第一個爲荷蘭，於2001年率先成爲全世界承認同性婚姻之國家）。同性伴侶一方只要在比利時居住三個月以上，即可在比利時舉行婚禮[23]。比利時國際私法典第46條第1項關於涉外婚姻結婚之準據法採各該當事人結婚時之本國法之立法體例[24]，然而同條第2項則規定：「前項所指定適用之法律如禁止同性婚姻，於結婚當事人一方之本國法或其慣居地（résidence habituelle）國法准許同性婚姻時，不適用之[25]。」在同性婚姻效力要件上明確極端寬鬆的認定標準，僅需要同性結婚當事人一方之本國法或其慣居地法准許同性婚姻效力時，即認同性婚姻之效

性別關係致使無法成立，而他方爲中華民國國民者，依中華民國法律。』本院卷第277至279頁），雖然前述草案尚待立法討論通過，但仍足以證明我國法律秩序之基本原則，現下確已存在不得否定同性性傾向二人間者爲經營共同生活之目的，應能成立具有親密性及排他性永久結合關係之規制待遇，此應構成我國公共秩序之一部分，堪以認定。」隨後的109年度訴字第14號判決亦採此見解，不過這似乎只是臺北高等行政法院的看法，普通法院來說尚無先例可循。

[22] 比利時民法典第143條第1項規定：「異性或同性之二人均得結婚。」（Deux personnes de sexe différent ou de même sexe peuvent contracter mariage.）

[23] 參考比利時王國外國人、對外商務與合作發展事務部（SPF Affaires étrangères, Commerce extérieur et Coopération au développement），參考網址：https://diplo-matie.belgium.be/fr/Services/services_a_letranger/etat_civil/mariage，2021年7月7日。

[24] 原文爲：「Sous réserve de l'article 47, les conditions de validité du mariage sont régies, pour chacun des époux, par le droit de l'Etat dont il a la nationalité au moment de la célébration du mariage.」

[25] 原文爲：「L'application d'une disposition du droit désigné en vertu de l'alinéa 1er est écartée si cette disposition prohibe le mariage de personnes de même sexe, lorsque l'une d'elles a la nationalité d'un Etat ou a sa résidence habituelle sur le territoire d'un Etat dont le droit permet un tel mariage.」

力要件已經具備。

　　儘管比利時的立法模式也受到一些學者的批判，認為這樣的立法可能會使得與比利時毫無關係之外國人所締結之同性婚姻之效力也同樣受到承認，將過分擴大了比利時「公序良俗條款適用例外」（l'exception de l'ordre public）原則的範圍[26]。不過，細譯上開比利時國際私法典條文，對照比利時內國法令對於外國人必須在比利時居住滿三個月以上，始得在比利時結婚等規定，不難理解比利時國際私法典之所以採取較為寬鬆之認定標準應有以下幾個理由：首先，居住滿三個月以上始得在比利時結婚的規定，在某種程度上避免了逛選婚姻或規避法律結婚的可能性，確保了結婚當事人一方與比利時社會有一定程度的地理連結；其次，當結婚當事人一方之本國法規定對於同性婚姻的效力造成阻礙時，考慮到其與比利時當地社會的連結性，例外地使外國配偶的權利亦得受到比利時法律之保障，這樣的設計無非是較具人性與較為符合當事人實際生活需求的考慮。因為婚姻制度的保障，考慮到當事人與當地社會生活的連結是有必要的，如果結婚的同性外國當事人將來生活中心是在臺灣，我們似乎沒有理由僅因為其本國法不認可同性婚姻之效力，而忽視這些外國人在臺灣生活上的保障需求。

　　因此，本文認為，上開外國法制經驗，可以提供臺灣立法上的一些參考，或許可以考慮在施行法第2條增訂第2項關於締結「第二條關係」之一方如為外國人，必須在臺灣居住滿一定時期

---

[26] Jan Jacob Bornheim, Same-Sex Marriages in Canadian Private International Law, Alberta Law Review, Vol. 51: 1, 2013, pp. 77-100, at 94.

始得在臺灣締結「第二條關係」；同時，於涉外民法第46條第2項亦應該增設「前項所指定適用之法律如禁止同性婚姻，於結婚當事人一方之本國法或其慣居地國法准許同性婚姻時，亦認其為有效」之規定。

　　從以上的角度來看，於判斷涉外同性婚姻效力之問題上，其準據法亦應類推適用涉外民法第47條之規定：「婚姻之效力，依夫妻共同之本國法；無共同之本國法時，依共同之住所地法；無共同之住所地法時，依與夫妻婚姻關係最切地之法律。」於涉外同性婚姻關係解消時（施行法用語為合意或請求終止「第二條關係」），其準據法應類推適用涉外民法第50條之規定：「離婚及其效力，依協議時或起訴時夫妻共同之本國法；無共同之本國法時，依共同之住所地法；無共同之住所地法時，依與夫妻婚姻關係最切地之法律。」從立法理由來說，同性婚姻應與異性婚姻相同，在準據法的適用上，須將共同之住所地法、婚姻關係最切地法等與婚姻攸關之生活重心要素一併考慮，始符實際需求[27]。惟尚可討論者，住所之概念仍與慣居地不

---

[27] 參照涉外民法第47條立法理由：「關於婚姻之效力，現行條文專以夫或妻單方之本國法為準據法，與男女平等原則之精神並不符合，爰修正為應依夫妻共同之本國法，無共同之本國法時，依共同之住所地法，無共同之住所地法時，則由法院依與夫妻婚姻攸關之各項因素，以其中關係最切地之法律，為應適用之法律。」第50條立法理由：「現行條文關於離婚僅規定裁判離婚，而不及於兩願離婚，關於離婚之原因及其效力應適用之法律，規定亦非一致，爰合併現行法第14條及第15條，並將原規定之內容酌予補充及修正；關於離婚之原因及其效力應適用之法律，現行條文並未兼顧夫妻雙方之連結因素或連繫因素，與當前實務需要及立法趨勢，均難謂合，爰改以各相關法律與夫妻婚姻關係密切之程度為衡酌標準，規定夫妻之兩願離婚及裁判離婚，應分別依協議時及起訴時夫妻共同之本國法，無共同之本國法時，依共同之住所地法，無共同之住所地法時，依與夫妻婚姻關係最切地之法律。」

同，將來如立法再修正時，應考慮配合修正本條連繫因素爲慣居地，以符合現代涉外婚姻生活的實際情形。

二、差別待遇

　　另一可討論之問題爲，於臺灣地區與大陸地區人民關係條例（下稱「兩岸條例」）中，亦欠缺兩岸同性婚姻之衝突法則相關規定。而在兩岸條例中，雖然亦採用雙面法則之法律衝突法則模式，但關於結婚、婚姻效力與離婚之準據法規定，卻與涉外民法之規定未盡相同。

　　關於兩岸人民結婚、婚姻效力與離婚，兩岸條例第52條規定：「結婚或兩願離婚之方式及其他要件，依行爲地之規定（第1項）。判決離婚之事由，依臺灣地區之法律（第2項）。」第53條規定：「夫妻之一方爲臺灣地區人民，一方爲大陸地區人民者，其結婚或離婚之效力，依臺灣地區之法律。」因此，假設上開規定亦適用於兩岸同性結婚之場合，則於大陸地區與臺灣地區同性當事人在臺灣結婚時，關於結婚之形式要件與實質要件之規定，均應適用行爲地，亦即臺灣地區之法律規定；而婚後之婚姻效力，乃至於離婚、離婚後之效力，亦均適用臺灣地區之法律。

　　當然，兩岸條例在制定上開條文之初，並未考慮到新型態的民事結合關係。而在準據法的立法體例上採取行爲地作爲連繫因素，並以臺灣地區法律作爲兩岸結婚與離婚效力之準據法，明確地採用單面法則的衝突法則模式，與涉外民法第46條、第47條、第50條等規定均不相同。理論上來說，這在某個程度上形

成了一種「差別待遇」，例如同性別之香港地區人民若欲與臺灣地區人民在臺灣締結同性婚姻，對臺灣法院而言，因為根據香港澳門關係條例第38條前段規定：「民事事件，涉及香港或澳門者，類推適用涉外民事法律適用法。」而類推適用涉外民法第46條的結果，將使得上開同性婚姻無法有效成立；反之，同性別之大陸地區人民若欲與臺灣地區人民在臺灣締結同性婚姻，對臺灣法院而言，則將類推適用兩岸條例第52條規定，以行為地即臺灣法律為案件準據法，反而承認其同性婚姻之有效性。這種迴異的結論，並非本國法主義導致，而是採用不同的衝突法則所造成。

　　雖然，目前兩岸現行法制在現實上對於兩岸同性婚姻仍存在許多障礙，主要在於入臺簽證問題。目前兩岸婚姻一般的程序為：臺灣配偶須先在臺申請單身證明，經海基會文書驗證，然後到大陸地區進行結婚登記、領結婚證。接著大陸配偶再以用團聚名義申請來臺，在入境臺灣時通過移民官訪談後取得團聚簽證，執團聚簽證再與臺灣配偶同至戶政機關進行結婚登記。然而，在大陸地區同性婚姻尚未合法前，同性大陸地區與臺灣地區當事人事實上無法在大陸地區結婚領證，遑論申請赴臺團聚、依親、居留。因此，如果要讓同性大陸地區人民與臺灣地區人民在臺灣進行有效的同性結婚登記，在行政程序上必須另外構思一套流程，以突破目前在行政程序上設定的各種障礙[28]。

---

[28] 2019年5月間曾有新聞報導，大陸事務委員會與財團法人海峽交流基金會正以不異動原有異性婚姻登記機制為前提，積極規劃一套全新的兩岸同性驗證、登記制，估計只會動用行政配套措施，不需修法。初步構思包含，開放中國大陸同性伴侶來臺進行單身驗證、面談等，並可能採取漸進式，先開放長期居住在26

肆、結　論

綜上所述，關於同性婚姻之法律衝突問題，本文簡單結論如下。

首先，在定性問題方面，雖然臺灣現行實體法制以及施行法並未明確，甚至是有意曖昧地將同性婚姻之性質有別於傳統婚姻，但從釋字第748號解釋自「婚姻自由」保障立論等意旨觀之，應認同性婚姻事實上性質即等同於婚姻。因此，涉外民法立法上似無必要為同性婚姻再造一個分類，而應類推適用涉外民法第46條之規定，亦即以各該當事人之本國法作為同性結婚實質要件之準據法，以選擇適用同性結婚舉行地法、各該當事人之本國法方式定同性結婚形式要件之準據法即可。而根本解決之道，應該是最高法院或司法院能夠明確用語，以避免造成下級法院的困擾。

其次，在準據法方面，雖然目前對於涉外婚姻之準據法仍採行本國法主義，然而觀諸他國法制經驗，似應考慮外籍同性配偶未來婚姻生活與臺灣當地社會的連結性，在其將來以臺灣為生活重心地的前提下，例外地使外國同性配偶的權利亦得受到臺灣關於同性婚姻法律關係之法律保障。

最後，在兩岸同性婚姻關係部分，依據平等原則，應該在行政上重新建構一套兩岸同性婚姻之登記流程，儘量降低現行行政程序所設定的障礙。當然，這亦需要大陸地區的戶政單位願意協

個同婚合法國家的第三類中國大陸人士，與臺灣伴侶在臺登記同性婚姻，未來再逐步擴及一般大陸人士等，頗值繼續關注。相關報導，https://www.cna.com.tw/news/firstnews/201905230346.aspx，2021年7月7日。

同配合，惟依據目前大陸地區的社會現狀來說，法制上要能夠接受同性婚姻之效力，恐怕仍有相當長的一段路要走。

參考文獻

一、中文部分

公民投票公告，https://web.cec.gov.tw/upload/file/2018-11-09/ad9a3c4c-82a4-4d77-b3e5-d234d830f514/3fcff04246193159fea3fa8365dcd915.pdf?fbclid=IwAR0Ty6AgDO5lo3yAD5Ca6ZaCuQA2Njig36aiJE60JIxYtg91V3h6IiGbeds。

林恩瑋，同姓婚姻的第三條路？法國「民事共同生活契約」制度簡介，法令月刊，第63卷第11期，2012年。

林恩瑋，「施行法」：贏得各自宣稱的勝利？，蘋果日報民意論壇，2019年2月24日，https://tw.appledaily.com/new/realtime/20190224/1522675/。

柯澤東、吳光平，國際私法，元照，2016年五版。

許耀明，家的解構與重構：從法國、德國、比利時與歐盟層次新近法制談「異性婚姻」外之其他共同生活關係，國際私法新議題與歐盟國際私法，2009年。

劉子維，台灣同婚推手祁家威：「我不是自己要結婚」，https://www.bbc.com/zhongwen/trad/chinese-news-40048682。

劉鐵錚、陳榮傳，國際私法論，三民，2018年修訂六版一刷。

簡至潔、許秀雯，同婚過關後，仍不知何處是盡頭─跨國同婚何解？，https://opinion.udn.com/opinion/story/10124/3970652。

二、外文部分

Curry-Summer, Private International Law Aspects of Homosexual Couples: The Netherlands Report, Electronic Journal of Comparative

Law, Vol. 11: 1, 2007. 5, https://www.ejcl.org/111/art111-8.pdf.

Jan Jacob Bornheim, Same-Sex Marriages in Canadian Private International Law, Alberta Law Review, Vol. 51: 1, 2013.

Janeen M. Carruthers, Socts Rules of Private International Law Concerning Homosexual Couples, Electronic Journal of Comparative Law, Vol. 10: 3, 2006. 12, http://www.ejcl.org/103article103-5.pdf.

Patrick Wautelet, Private International Law Aspect of Same-Sex Marriages and Partnerships in Europe Divided We Stand?, Legal Recogniation of Same-Sex Relationships in Europe, 2012, p. 7, http://hdl.handle.net/2268/97138.

|第四章|
當事人意思自主原則下關於意思欠缺之法律適用：以法國國際私法學發展爲例

壹、前　言

　　當事人意思自主原則（the principle of party autonomy; le principe d'autonomie de la volonté des parties），目前幾已成爲國際私法上關於國際契約選法原則的一項定論[1]。十六世紀由Dumoulin針對夫妻財產制選法所提出的理論，一般咸認係此項原則之濫觴[2]。

　　當事人意思選法明確時，適用此項原則，固無疑問。成問題者，爲當事人若意思不明時，法官應如何選擇系爭案件之準據法？關於此一問題，在涉外民事法律適用法（下稱「涉外民法」）修正前，我國學者在分類上多採取以區分當事人明示意思、默示意思以及假設或推定之意思等類型，分別探討法官所採

---

[1]　必須說明的是，這項原則所適用的範圍，主要在於契約的實質要件部分，或稱契約之實質效力（essential validity）。有關契約準據法的功能，請見陳隆修，國際私法契約評論，1986年2月初版，頁7以下。

[2]　B. Audit, Droit International Privé, 3e éd., 2000, p. 62.

行的選法方法論[3]；而國際私法理論在傳統上，對於如何探究當事人之眞正意思，亦有主觀主義與客觀主義之爭。涉外民法修正後，第20條第2項規定：「當事人無明示之意思或其明示之意思依所定應適用之法律無效時，依關係最切之法律。」採取彈性的選法方式，由受訴法院依據其案件審理之證據資料綜合判斷適用關係最切國之法律，惟究竟何爲「關係最切」？立法並無明文，除參考同條第3項「特徵性履行」之規定外[4]，解釋上似仍無法脫離傳統主觀主義與客觀主義之爭。

　　本文嘗試以另一種角度出發，探討當事人意思選法欠缺時，該契約準據法的選擇問題。首先，針對意思欠缺之學說爭議問題，劃分爲一元論與二元論之類型，從主觀主義與客觀主義之角度出發，分別闡釋此二種學說所帶來不同的觀點與影響。其中值得注意的，爲法國學者Batiffol的「定位」（localisation）理論[5]。然後順此向上推演至另一個更爲根本的問題：即有關當事人意思自主原則否定論的主張。這部分值得注意的，是法國V. Heuzé教授所提出的觀察與推論。

　　其次，本文將針對實務運作上，我國法院與法國法院判決的比較，以及1980年羅馬契約準據法公約[6]的相關規定。此外，有

---

[3] 參照馬漢寶，國際私法總論，1990年8月十一版，頁139以下；劉鐵錚，國際私法論叢，1991年3月修訂再版，頁84以下；曾陳明汝，國際私法原理，1991年四版，頁84。

[4] 林恩瑋，新修正涉外民事法律適用法第20條的幾點疑義，收錄於國際私法理論與案例研究（2），2017年，頁91以下。

[5] 我國學者多將之歸入爲「限制說」。馬漢寶，同前註3，頁125；劉鐵錚，同前註3，頁86以下。

[6] Convention de Rome sur la loi applicable aux obligations contractuelles, 1980, http://adminet.com/eur/loi/leg_euro/fr_480A0934.html.

關特殊公約的規定部分，本文也將列舉1955年海牙國際動產買賣契約準據法公約[7]，以及1978年海牙居間仲介與代理（表）契約準據法公約[8]作爲旁證，說明實證法上有關此一問題之發展趨勢。

貳、關於意思欠缺之學說爭議問題

　　概念上，我們可以從一個最初的基本判斷開始，這項判斷包含兩種可能性：**當事人已經明示選擇契約的準據法，或是根本沒有選擇**。前者適用當事人意思自主原則，而後者則隨著所採取的主義不同，而產生出不同的選法步驟。這類的選法步驟，本文將之歸納爲一元論與二元論兩種類型。

一、一元論與二元論

　　一元論與二元論的區分標準，在於所採取的主義的純粹性。易言之，一元論所涉及的，是兩種基本主義（客觀主義與主觀主義）的適用方式爭論；而二元論則是試圖融合這兩項主義，所採取的一種混合的選擇法律方式。

---

[7]　Convention de La Haye du 14 mars 1978 sur la loi applicable aux contrats d'intermédiaires et à la représentation, http://www.hcch.net/f/conventions/menu27f.html.

[8]　Convention sur la loi applicable aux ventes à caractère international d'objets mobiliers corporels, http://www.hcch.net/f/conventions/menu03f.html.

(一) 一元論的模式

在國際私法發展上，無論大陸法系或是英美法系，於當事人意思不明時，選擇準據法的方式，向來有主觀主義與客觀主義之爭。在英國，主觀說以A. V. Dicey教授為主，客觀說則以J. Westlake教授為主，分別以不同的方式推敲契約所應選定之準據法[9]。在法國，亦有主觀主義（subjectiviste）與客觀主義（objectiviste）之爭[10]。不過，前者主客觀爭論所針對之範圍，並不限於在當事人意思欠缺之情形時討論；後者的主客觀爭論，則僅於當事人意思自主欠缺時，因所採取主義不同，而使其選法方法迥然有別。二者討論範圍雖略有不同，但立論方式則為同一。

以下，我們就傳統上的主、客觀主義之爭先為說明。

1. 主觀主義與客觀主義之爭

主觀主義的理論主張，為落實當事人意思自主原則，法官必須尋求當事人關於契約準據法的具體意願。為達此目標，法官必須要摒除一般性的假設方式，按照個別不同情況針對當事人所締結的契約，分別探求其準據法[11]。

對主觀主義者而言，契約準據法的選擇，應該視為契約內容的一部，因此當事人間如果存在契約意思表示的合致，邏輯上自然也包含了契約準據法選擇的意思合致。也因此，在主觀主義者

---

[9] 陳隆修，同前註1，頁22以下。

[10] P. Mayer et V. Heuzé, Droit International Privé, 7e éd., 2001, p. 472.

[11] H. Battifol, Subjectivisme et Objectivisme dans le droit international privé des contrats, Mélanges Maury 1960, I, p. 39 ets.

的推論下，即便契約當事人不選擇「國家的法律」，而以其他的規則（甚至非國家法律）或是當事人特別約定的規則用以替代「準據法（國家的法律）」，也是可以被接受的[12]。

客觀主義的理論則認為，法官應該就契約中各種客觀事實進行審查，從中發現與契約最具牽連的國家法律。通常的替代方案是一般性（généraux）的事實原則，例如契約履行地，甚至如契約訂定地。並且，只有在欠缺明確選法，或是選法模糊（quasi-expresse）時，才有此等一般性事實原則適用。

擁護客觀主義的學者們否認契約有如主觀主義學者所主張的一種「假設的意思」存在。他們認為，主張一個假設的意思將造成選法的不可預見性的危險，因此傾向將此類一般性的事實原則，透過立法的方式，以保障選法的可預見性[13]。

自然，這種對於法律選擇方法論的態度，因對於法官角色要求以及法系的習慣不同，使得主觀主義與客觀主義對各國所造成的影響也不盡相同[14]。這固然一方面是長久以來即存在於國際私法的爭論，所謂形式主義（formaliste）與實質主義（réaliste）之爭的問題，一方面也牽涉到，對於採行當事人意思自主原則的自由程度，其範圍大小以及效力強度的問題。

---

[12] 這類情形就是有關準據法「不適用國家法規之契約」（contrat sans loi）的問題。例如當事人選定以國際商會（ICC）統一習慣法典作為契約的準據法。這種選法效力如何，理論上容有爭議，且常與公序良俗與強制法規等問題結合，產生許多困難。

[13] Batiffol, *op. cit.*, p. 42

[14] 德國法律制度上受主觀主義影響，法官須探求當事人推知或假設的意思。相對地，義大利民法則採取另一種客觀主義的立法方式。我國涉外民法第6條第2項亦有濃厚的客觀主義色彩。

　　綜合上述主客觀主義之爭，我們可以發現幾點區別。

　　首先，當事人是否可以任擇契約的準據法，即使這個準據法和本案毫無關聯性？主觀主義傾向認爲是可行的，而客觀主義者則持反對的態度。

　　其次，在當事人合意選法是否將造成規避強行法規的現象發生[15]，主觀主義者也比客觀主義者採取了另一種較爲放任的態度。因此，從這角度觀察，對於規避法律這種現象採取否定態度的國家，往往較爲容易接受客觀主義者的理論[16]。

2. Batiffol教授的意見——「定位」理論

　　作爲二十世紀法國國際私法權威學者之一，Batiffol教授援用英國「適當法」（proper law）觀念，認爲國際契約的準據法選定不應漫無限制。在考慮適用當事人意思自主原則的同時，必須同時肯定當事人的選法基礎，受到一定法律的限制[17]。

　　Batiffol教授指出，事實上在許多的國際契約上，基於保護契約上弱勢一方的立場，探究契約當事人的眞意，反不如追求公平原則的感受來的重要。

　　例如國際保險契約，美國傾向就此等契約適用被保險人住所地法，以保障契約弱勢當事人。Batiffol教授的指稱並非毫無理由：這將涉及到是否承認當事人意思自主原則有完全放任、不受拘束的自由，而這也正是主客觀主義交鋒的所在。

---

[15] Lauritzen v. Larsen, 345 U.S. 571 (25 mai 1953), RCDIP, 1954, p. 166.

[16] 陳隆修，同前註1，頁28以下。

[17] 中文部分介紹，可參考馬漢寶，同前註3，頁125以下。另參考Batiffol, *op. cit.*, p. 55。

　　Batiffol教授以「定位」說明他對這個問題的看法：當事人意思自主原則應當受到合理的限制，吾人並應當思考，以另一種介於群體主義與個人主義之間的觀點，亦即「社會的」觀點來理解並調和這個問題。具體的方法，便是透過定位契約的方式。

　　所謂的定位，按照Batiffol教授的說法，並非只是空間上的概念。語彙上應包含與法律制度有關之一切法律關係，例如國籍（非空間的概念）等。當事人合意選法，並非如主觀主義所稱為一種「事實」，而應係一項「當為」（devoir être）[18]。易言之，這項「當為」是可以被修正的，特別是當契約所選擇準據法與契約結構不相符時，這項「當為」（當事人合意選擇之法律）即應予修正，以使契約與所選擇之準據法間具備合理的關聯性。

　　換言之，定位理論認為，雖然應當承認當事人意思自主原則的重要性，但當事人並無完全放任、不受拘束的自由，可任意決定契約的準據法。從此一角度來說，以承認當事人意思自主作為前提，探究當事人真意，確實可以調整客觀主義不夠彈性，無法靈活運用在多樣化的國際契約案件上的困難。而相對地，放任當事人意思自主選擇準據法，亦可能構成選法詐欺，所以有必要限制當事人選擇法律的範圍，限於與公共政策有相當連結的國家法律。

　　定位理論在解釋上折衷了主、客觀主義的方法論，法官因為必須同時考慮契約的主客觀要素，以便於當事人意思不明時決定契約之準據法，因此基本上還是以一元論的型態進行選法操作模

---

[18] Batiffol, *op. cit.*, p. 57.

式[19]。

(二) 二元論的模式

1. 硬性規則或彈性規則

在二元論的模式下，一方面法官承認當事人意思自主原則的存在，認為當事人得以明示選擇契約的準據法，另一方面在當事人意思不明時，求助於客觀連繫因素的規則，按照立法所指定的連繫因素，從中機械性地選擇契約的準據法[20]。

從二元論的模式，我們可以發現至少有兩個問題是可以討論的：首先，二元論混合了主觀主義（承認當事人意思自主選法自由）以及客觀主義（客觀連繫因素指定準據法）的兩種觀點，具體的操作和一元論不同者，在於客觀連繫因素乃位於一種輔助的地位，而非法官面對契約選法問題時須同時考慮之標準。我國涉外民事法律適用法舊法第6條的規定，即可謂為二元論的典型[21]。

其次，關於當事人意思不明時，究竟應該適用何種判斷標準，以選擇契約的準據法，也將因選法方法論上的差異，而有

---

[19] Y. Loussouarn et P. Bourel, Droit International Privé, 7e éd., 2001, p. 458; P. Mayer et V. Heuzé, *op. cit.*, p. 469.

[20] P. Mayer et V. Heuzé, *op. cit.*, p. 469.

[21] 涉外民法舊法第6條：「法律行為發生債之關係者，其成立要件及效力，依當事人意思定其應適用之法律（第1項）。當事人意思不明時，同國籍者依其本國法；國籍不同者，依行為地法；行為地不同者，以發要約通知地為行為地；如相對人於承諾時不知其發要約通知地者，以要約人之住所地視為行為地（第2項）。前項行為地，如兼跨二國以上或不屬於任何國家時，依履行地法（第3項）。」

不同的答案。美國新理論中所揭櫫的「最重要牽連原則」，影響國際私法選法理論甚鉅[22]。此一原則在歐洲得到許多立法上的支持，奧地利1978年國際私法法典第1條即揭櫫此項原則[23]，法國學者如Paul Lagarde亦根據此一原則，創造「鄰近原則」（le principe de proximité）[24]。這種不依靠傳統連繫因素理論，直接據以案件事實判斷的推論方式，恰與前述的客觀連繫因素理論，形成鮮明的對比。

因此，在二元論的操作模式下，我們面臨兩種選擇：或以傳統連繫因素理論，於當事人意思選法欠缺時依序指定應適用的準據法；或以彈性選法法則，綜合判斷與該契約最具牽連的準據法。1980年的羅馬契約準據法公約以及隨後的羅馬一號規則，似乎採行的是後面的一種選法方式。然而，這並不等於後者的方式便是優於前者[25]。

2. 與一元論操作模式的比較

我們可以清楚的發覺，在一元論的模式下，無可避免地我們將面對主客觀主義之爭的問題。主觀主義的再進一步發展，例

---

[22] 相關理論見解，參考林恩瑋，國際私法選法理論之比較，東海大學法學研究，第17期，頁350以下；許兆慶，國際私法上「最重要關連原則」之理論與實際—以涉外侵權行為選法規範為中心，東海大學法學研究，第16期，頁153。

[23] 英文版本為：「Factual situation with foreign contracts shall be judged, in regad to private law, according to the legal order to which the strongest connection exist.」

[24] 此一理論為Lagarde教授在海牙國際法學院中所提出，其認為「法律關係應該以呈現與本案最有關係之國家法律定之」（un rapport de droit est régi par la loi du pays avec lequel il présence les liens les plus étroits），其立論基礎與最重要牽連理論如出一轍。詳見P. Lagarde, Le principe de proximité dans le droit international privé contemporain, Rev. Acad. La Haye, 1986, I, t. 196, p. 9 ets。

[25] 詳細的論述請見本文第參部分的說明。

如從中找出當事人假設存在的「眞正」的意思，運用個案因素的分析，以期發現契約的準據法[26]，這種方式不但不穩定，同時在許多複雜的案件上，也將造成困難；客觀主義雖然運用硬性法則，解決了主觀主義的選法不確定問題[27]，然而面對多變且複雜的國際契約，使用這種假設性的連繫因素選擇契約的準據法，也是不夠完備的。

　　Batiffol教授的定位理論，或許在一定的程度上調整了兩大主義的爭執。然而，在國際契約日益複雜多樣化的今日，定位理論的實行其實有一定的困難。我們很難要求法官在面對不同本國語言的國際契約時，從中定位契約的各項事實，確認或修正當事人意思所選擇的準據法。不過，Batiffol教授的理論如在「開放方式的選法理論」架構下運行，或許面對的困難會少一些[28]。

　　二元論的操作模式則避免了主客觀理論的爭執，改以兩個階段的方式進行。首先，承認當事人意思自主原則，在當事人明示選法時，適用該法律作爲本案之準據法；其次，在當事人明示意思不明時，不探究默示或假設的意思，直接適用客觀的標準

---

[26] 例如依契約類型，當法官面對一項國際契約，分析其內容後發現該契約爲英美法式的信託契約時，即可判斷當事人應屬意選擇英美之法；或按照當事人合意管轄條款，判斷出在正常（la normale）與便利（la commode）狀況下，當事人應有選擇該管轄法院之法作爲契約準據法的可能（此原則爲法國法院所慣行）。參考P. Mayer et V. Heuzé, *op. cit.*, p. 487。這種方式我國學者稱之爲準據法個別確定式。馬漢寶，同前註3，頁140。

[27] 英國法上使用「適當法」的觀念，較之硬性規則更有彈性，我國學者稱爲「非確絕性的規則」，實則這種規則可歸類在客觀主義範疇，並與美國國際私法第二新編之「最重要牽連原則」相似。馬漢寶，同前註3，頁143；陳隆修，同前註1，頁22。

[28] 林恩瑋，開放方式的選法理論，東海大學法學研究，第27期，頁115-150。

（通常為預設之連繫因素），決定契約之準據法。

　　然而，二元論的操作仍無法避免預設連繫因素所可能造成的問題。亦即，此類預設的連繫因素未必與契約有相當的關聯性，適用上還是有可能造成減損當事人意思自主原則功能的結果。因此我們不妨回到更前面的問題觀察，究竟當事人意思自主原則有無承認的必要？

二、意思自主原則的否定

　　有關當事人意思自主原則的否定，在學說上從未停息。近年來，要以法國學者V. Heuzé教授的意見，最引人注目。本文在此先簡述傳統上否定說的意見，其次比較V. Heuzé教授所提出的觀點。

(一) 傳統上否定說的意見

　　傳統上對於當事人意思自主的否定，主要有三點：首先是國家立法者主權的侵越，其次是規避法律的問題，最後則是邏輯論證上的問題。

　　在國家立法者主權的侵越部分，否定說學者認為，如果允許當事人任擇法律，使當事人居於立法者的地位，將是對國家主權的一種侵越。在規避法律的部分，否定說學者認為，現實運作上很難避免當事人為求其利益，以合意作為迴避某國強行法規的方式。

　　邏輯論證上，當事人的合意為什麼可以承認其具有法律效力？如果說是因為這項合意來自於其選定的準據法所賦予，那麼

是否即意味著，當事人必須要在選定準據法之前即先行確知何國之法律將使其合意為「有效」？如是，這和承認當事人得以合意「有效」選擇法律，作為契約的準據法之立論，在邏輯上豈不相互矛盾[29]？

關於上開否定說所提出的問題，反對的學者雖有主張，當事人意思自主原則係來自於國家立法，是以不會造成主權侵越的問題。但如此解釋，與第三個問題結合，將無法說明當事人意思自主原則的效力根據：正如Savigny指出的矛盾：如果當事人指定的法律正好使契約無效，那麼契約是否應當廢除[30]？（此豈不違背締約之初當事人希望契約為合法有效之意願？）

此外，關於規避法律的問題，有學者以為此屬誇大之詞。其認為債之契約通常與任何國家並無多大利害關係，此可從各國契約法多為任意規定中知之[31]。然而法國P. Mayer教授則認為，此一問題可以自學者K. Neumaye對於強行法規所區分的單純強行法規（les dispositions simplement impératives）與國際強行法規（les dispositions internationalement impératives）理論中解釋[32]。前者乃指一國之立法針對純粹私益的事物所為之強制規定，例如禁止轉讓之債的規定。這類規定係為對國內生效的，因此若是一國之立法者接受當事人意思自主原則，同時其亦應當被解釋為接受當事人合意迴避此類法規的情形存在；至於後

---

[29] 如此有關合意的效力來自於何處，即造成循環論斷。馬漢寶，同前註3，頁122。

[30] Savigny, Droit Romain, VIII, 374. Trad. Guenoux, p. 273.

[31] 劉鐵錚，同前註3，頁87。

[32] K. Neumayer, Autonomie de la volonté et dispositions impératives en droit international privé, RCDIP, 1957, p. 579.

者，即屬於法國法上「警察法規」之問題[33]，由於「警察法規」具有絕對的效力，法官應即刻適用，此時殊無適用當事人意思自主原則之餘地[34]。

(二) V. Heuzé教授的意見

　　1990年V. Heuzé教授在他的博士論文「法國國際契約規則，理論方法評論」中，對於當事人意思自主原則，做了十分深刻的評論。全文可大分為兩部分：第一部分主要在於闡述契約與法令規章間的關係；第二部分則在於檢驗傳統上，關於批判國際契約當事人意思自主原則等學說之論述[35]。

　　V. Heuzé教授認為，事實上契約效力的根源是來自於法律；契約乃數個意思表示的合致，而由實定法賦予其法效力[36]。是以關於傳統學說上的依當事人意思自主原則選定準據法，造成邏輯謬誤的問題為確實有據。V. Heuzé教授也指出Batiffol教授定位理論的缺陷，認為如當事人意思不明時，透過客觀定位理論的方式選擇契約準據法，無異是對當事人意思自主原則的否認。完全放任當事人意思自主原則選法，只會徒增選法混亂與選購法院的現象發生，並且警察法規事實上支配著法國法官選法的標準，而

---

[33] 源於法國學者Francescakis的理論，又稱為「即刻適用法」、「必要適用法則」（règle d'application nécessaire, Sperduti教授的說法）。國內學者相關文章，可參考許兆慶，國際私法上「即刻適用法則」簡析，軍法專刊，第42卷第3期，1996年3月，頁16-23。

[34] P. Mayer et V. Heuzé, *op. cit.*, p. 475.

[35] V. Heuzé, La réglementation française des contrats internationaux, étude critique des méthodes, Paris, 1990.

[36] Heuzé, *op. cit.*, p. 80.

關於涉及這類法規的契約發生選法爭議時，並無另一種特別的選法方式協助其選擇準據法。這種情形加上警察法規的內容不確定[37]，使得無限制地適用當事人意思自主原則往往成為規避公安法規的藉口，增加了法秩序上的紊亂。

從理論上而言，V. Heuzé教授的批判無疑是既充滿改革新意而又不失嚴謹縝密。但正如P. Mayer教授所指出的，這個問題事實上與改革無關，事實上當事人意思自主原則已經是實證法了[38]！無論在法院判決、國際公約或是國內法律上，幾乎都看得到這項原則的存在。因此在下一個部分中，我們將針對實務上有關當事人意思選法欠缺時，究竟如何運作為進一步的闡述。

參、實務運作問題

在此部分中，首先比較臺灣與法國法院實務上運作的情形；其次討論相關國際公約的規定，其中1980年羅馬契約準據法公約，已於1991年4月1日正式生效，其適用範圍為世界性，

---

[37] V. Heuzé教授在其論文中大力抨擊警察法規的內容及定義的不完整，他說（第175頁）：「如果說公安法規是一種傾向於社會團體的法規，那等於什麼都沒說，因為所有的法律都有這種傾向；如果說公安法規的適用是必須的，那還是等於什麼也沒說，因為沒有一個法律會說，法官得以沒有必要作為託辭，迴避適用法律，而不構成瀆職罪。」（Dire que ces lois tendent à l'organisation de la société, c'est ne rien dire, car toutes les lois y tendent; dire que leur application est nécessaire, c'est encore ne rien dire, car il n'est aucune loi qu'un juge puisse écarter, au prétexte que son application ne serait pas nécessaire, sans se rendre coupable du crime de forfaiture.）

[38] Pierre Mayer, Bibliographie, RCDIP, oct.-déc. 1990, p. 856.

各簽約國咸應遵守該公約，並自公約生效日起並替代其國內法規定之適用。此外，本文亦列舉另外兩項國際公約：1955年海牙國際動產買賣契約準據法公約、1978年海牙居間仲介與代理（表）契約準據法公約，一併比較與說明。

一、法院實務的意見比較

(一) 傳統我國法院意見

涉外民事法律適用法舊法第6條採行二元論方式立法，已如前述。而在新法修正後，從第20條各項觀之，似仍維持二元論之立法方式，只是將原來舊法的階梯式適用的硬性規則，改以彈性的「關係最切」選法方式替代。

我國法院實務傳統上對於當事人意思自主欠缺時，是否進一步探求當事人默示意思，大抵採取較為保守之看法[39]。民國67年第4次民庭總會決議關於載貨證券的討論，準據法部分決議亦無探求當事人默示意思，而直接適用涉外民事法律適用法第6條第2項之規定[40]。曾有學者提及最高法院84年度台上字第2213號民

---

[39] 不過過往最高法院亦有肯定須先探求當事人默示意思之判決，例如最高法院89年度台上字第1788號民事判決即謂：「所謂當事人『意思』，兼指明示及默示之意思。如當事人有默示選定之法律，不可逕適用同法（涉外民事法律適用法第6條）第2項之規定。」

[40] 本號決議中關於準據法部分值得注意者有兩項：一為載貨證券附記就貨運糾紛應適用某國法之文句，不能認係雙方當事人之約定；二為當事人意思不明時，應適用涉外民法第6條第2項的硬性法則。本號決議並影響最高法院其後關於載貨證券準據法之判決，例如85年度台上字第2487號、85年度台上字第904號、89年度台上字第240號、91年度台上字第572號等。**不過之後最高法院大法庭做成108年度台上大字第980號民事裁定，推翻本號決議第一部分關於準據法約定之**

事判決認同原審關於探求當事人默示意思表示之準據法方式，而認我國涉外民事法律適用法第6條第1項當事人之意思並非必限於契約合意之意思[41]。一般來說，我國法院實務傳統上並不熱衷於探求當事人默示之意思表示，而直接適用客觀的硬性法則[42]。此種法律適用立場，亦恰與二元論的選法模式相符[43]。

(二) 傳統法國法院意見

法國關於涉外民事的立法體例，採用分散立法式[44]。其並無一個特別的單行法規對於涉外民事為專門規定，是以就國際契約上當事人意思自主原則是否採行、當事人意思欠缺時應以何種模式選擇契約準據法，即見諸法院之實踐與國際公約之規定。

法國法院直至1910年，在「美國貿易公司」（l'arrêt American Trading Co.）乙案中始接受當事人意思自主原則[45]。該判決主張「契約之準據法，或關於其契約形式，或關於其效力要件或條件，悉由當事人定之[46]」。當事人的選法可為明示，亦可

見解，認載貨證券背面所記載有關準據法之約款，對於託運人、運送人及載貨證券持有人均有拘束力。

[41] 游啓忠，論國際私法上當事人意思自主原則於我國最高法院判決運用之研析，中正大學法學期刊，第5期，頁282。

[42] 最高法院88年度台上字第1569號民事判決理由中曾提及有關探求當事人之默示意思等討論，但並無進一步確認涉外民事法律適用法第6條是否包含當事人默示合意選法。普遍來說，此一問題在實務上仍以直接適用涉外民事法律適用法第6條第2項之規定為原則。

[43] 游啓忠，同前註41，頁282。

[44] 賴來焜，當代國際（私）法學之基礎理論，自版，2001年，頁314。

[45] Civ. 5 déc. 1910, S. 1911.1.129, note Lyon-Caen, RCDIP, 1911, p. 395.

[46] 原文為：「La loi applicable aux contrats, soit en ce qui concerne leur formation, soit quant à leurs effets et conditions, est celle que les parties ont adoptée.」

為默示，而只在當事人無選法意思時，法官應適用契約訂定地法。

　　美國貿易公司案展現了法國法院接受一元論的選法模式，特別是濃厚的主觀主義觀點。然而，隨後法院注意到主觀主義所造成的問題，特別是「不適用國家法規之契約」（contrat sans loi）。因此1950年在Messageries Maritimes案[47]中，做出「所有的國際契約都必須與國家法律相關聯」的判決。易言之，其逐步朝修正主觀主義的方向前進。之後法國法院採用了Batiffol教授的「定位理論」見解，甚至接受契約「最重要牽連」（les liens les plus étroits）、「鄰近原則」（le principe de proximité）這一類「印象主義」（impressionniste）理論[48]。

　　法國法院使用一元論的選法模式，在1980年羅馬契約準據法公約於法國生效之後，面臨相當的改變。蓋該公約所採用者為二元論的選法模式，而其中又產生許多立法上障礙之問題，以下即就公約規範為進一步之闡述。

二、公約的規範

　　由德國、法國、丹麥、比利時、義大利、盧森堡以及聯合王國（United Kindom; Royaume-Uni，即英國。）在羅馬發起簽訂並批准通過的1980年契約準據法公約，其最初的目標在於彈性

---

[47]　Civ. 21 juin 1950, RCDIP, 1950, p. 609, note Batiffol.

[48]　例如Civ. 25 mars 1980, Mercator Press, RCDIP, 1980, p. 576; aussi V. P. Mayer et V. Heuzé, *op. cit.*, p. 469。

統一歐洲共同體成員國內部的國際私法規則[49]。該公約陸續在各締約國中生效，在簽約之前，各國並已為此一公約之締結相互調整國內法院實務及立法之意見，以減輕公約所帶來的衝擊[50]。

　　本公約所展示的企圖心很明顯：立法者希望它能迅速成為共同體會員國關於一般國際契約的法律適用標準[51]。公約第2條並揭櫫了其具有「世界性」的特色：「即使依本公約所指定之準據法為非締約國之法律，亦適用之[52]。」此外，公約第1條：「本公約所列之條文適用於契約義務含有法律衝突之情形[53]。」條文雖未列名為「國際契約」，然而一般學者及解釋均認為其為「婉轉地」表達本公約係針對國際契約所確立之相關規則[54]。

　　除了公約第1條所列的例外情形[55]，原則上一般國際契約，各締約國咸應適用本公約之規定。以下即就本公約中有關當事人

---

[49] 相關公約研議歷史及簽訂等介紹，請見P. Lagarde, Le nouveau droit international privé des contrats après l'entrée en vigueur e la Convention de Rome du 19 juin 1980, RCDIP, 1991, p. 289。

[50] 公約對於各締約國影響不一，例如義大利往昔依照當事人共同國籍選擇契約準據法，或於選法欠缺時依照契約訂定地法的國家，與公約之新規定便不相符，其調整立法與實務運作之影響層面便相對較為深遠。

[51] Lagarde, *op. cit.*, p. 290.

[52] 英文版本為：「Any law specified by this Convention shall be applied whether or not it is the law of a Contracting State.」法文版本為：「La loi désignée par la présente convention s'applique même si cette loi est celle d'un Etat non contactant.」本文為法文版本翻譯。

[53] 於一國數法之國家，例如聯合王國，其契約涉及英格蘭與蘇格蘭之法律，雖為同一國，非可謂為「國際」，仍因有法律衝突之可能，而有本公約之適用（詳見羅馬契約準據法公約第19條規定）。

[54] Lagarde, *op. cit.*, p. 293.

[55] 例如繼承遺囑契約、夫妻財產制契約、同居與扶養契約、匯兌票據、支票、本票、各項談判諮商文件、合意管轄仲裁協議等等。

意思自主選法欠缺時之規定，分一般原則與特別原則說明之。

(一) 1980年羅馬契約準據法公約

1. 一般原則

　　1980年羅馬公約關於當事人意思欠缺時之選法方式，選擇
二元論的模式。在該公約第3條首先肯定當事人意思自主原則，
而在第4條中則規定於當事人選法欠缺時，法官應當依照客觀特
定的假設性連繫因素，選擇契約之準據法。

　　公約第3條謂「契約應受當事人選法拘束」（Le contrat est
régi par la loi choisie par les parties; A contract shall be governed
by the law chosen by the parties），此一規定是否即意味公約默
示排除「不適用國家法規之契約」的情形存在？法國學者間有不
同之意見。探肯定說者，如V. Heuzé教授等[56]，認為此類契約的
選「法」（非形式意義的「法」，例如國際商事習慣）事實上
常造成不便，並且很難要求法官捨實定法而就當事人所選定之規
則，此時應探求與公約最重要牽連之事實，以便選擇法律[57]。P.
Lagarde教授則認為，公約並非意指排除「不適用國家法規之契
約」，選擇非國家法規的結果，只是相當於當事人「未選法」的
效果，而應適用公約第4條之規定[58]。

　　公約第4條第1項：「於契約準據法之選擇不符第三條規定

---

[56]　相同的意見，可參考J. Foyer, entrée en vigueur de la Convention de Rome du 19
juin 1980 sur la loi applicable aux obligations contractuelles, Convention de Rome du
19 juin 1980, p. 607。

[57]　Angers 18 mai 1989, RCDIP, 1990, p. 501, note Heuzé.

[58]　Lagarde, *op. cit.*, p. 300.

時，契約應受與其最有牽連國家之法律規範。惟若契約之一部為可分，且該部分顯示與他國有最重要牽連時，其應例外就該部分適用該他國之法[59]。」可知公約擬採用如美國新選法理論之彈性選法規則，作為當事人意思不明時之準據法。惟同條第2項以下卻提出了假設最重要牽連的硬性判斷標準[60]：例如假設「契約履行債務人於締約時之慣居地」，或於當事人為法人時，其「管理中心地」為最重要牽連者；又如契約若係經由專業行為的實施而締結成立者[61]，「主事務所所在地」或根據契約，有關契約之履行由他事務所而非主事務所為之時，「他事務所所在地」即為最重要牽連；於契約牽涉不動產權利或使用不動產時，「不動產所在地」為最重要牽連（第3項）；於貨物運送契約時，若運送人締約時之主事務所所在地同時為裝貨地、卸貨地，或發貨人之主事務所所在地，則該所在地之國與貨物運送契約具最重要牽連[62]

---

[59] 法文版本為：「Dans la mesure où la loi applicable au contrat n'a pas été choisie conformément aux dispositions de l'article 3, le contrat est régir par la loi du pays avec lequel il présente les lien les plus étroits. Toutefois, si une partie du contrat est séparable du reste du contrat est présente un lien plus étroit avec un autre pays, il pourra être fait application, à titre exceptionnel, à cette partie du contrat de la loi de cet autre pays.」

[60] 第2項以下有關客觀連繫因素標準的立法，使得第1項所提的最重要牽連文字用語，顯得有些莫名。良以最重要牽連本為彈性衝突法則之概念，而第2項以下卻設立客觀之連繫因素作為判斷標準，使得彈性衝突法則的功能在此完全無法發揮。國內對公約此種立法方式，稱之為「特徵性履行」。柯澤東，從國際私法方法論探討契約準據法發展新趨勢—並略評兩岸現行法，國立臺灣大學法學論叢，第23卷第1期，頁277-307。

[61] 條文用語為：「Le contrat est conclu dans l'exercice de l'activité professionnelle de cette partie.」

[62] 適用第4項之貨物運送契約上包括一次航程之租船契約，以及其他以運送貨物為主要目的之契約在內。

（第4項）。

　　根據學者Giuliano-Lagarde的說法，第2項以下的最重要牽連「假設」是歸結契約的經社功能與組成重心的結果[63]。有趣的是，在列舉許多客觀連繫因素之後，公約第4條第5項卻規定當法官對契約所顯示的特性無法決定準據法時，即可規避同條第2項至第4項的客觀連繫因素規定，也就是由法官綜合一切契約情狀，決定契約與何國具有最重要牽連關係，以選擇契約之準據法。此一條款，Lagarde教授稱之為「例外條款」[64]。惟學者每多訾議，認為此一條款事實上將使第2項以下之客觀連繫因素規定形同具文[65]。

2. 例外規定

　　1980年羅馬公約另外對於國際消費契約以及國際勞動契約設有特別規定。出於對弱勢當事人保護的考慮，公約對此兩種契約不但限制當事人意思自主原則的適用，且對於當事人意思欠缺時的選法方式，採取不同於公約第4條之規定，而以完全硬性法則標準選擇契約之準據法。

　　公約第5條第3項針對提供有體物動產或人員服務之國際消費契約[66]，於欠缺當事人意思選法時，適用「消費者慣居地」國

---

[63] Rapport Giuliano-Lagarde, p. 20, 2e col.

[64] Lagarde, *op. cit.*, p. 310.

[65] 事實上，本條之適用在法國法院已經造成問題，見Versailles 6 févr. 1991, RCDIP, 1991, p. 745, note Lagarde。該案法官判斷最重要牽連之事實正好與第4條第2項之假設標準相左。

[66] 此等契約不包括運送契約或特殊服務提供契約（例如水電供應），詳見同條第4項規定。

法。此一規定符合「鄰近原則」之原則，主要在於避免消費者的權益因選法緣故遭受不當剝奪。第6條第2項則對於勞動契約當事人意思選法欠缺時，做一系列的硬性法則規定。原則上以「勞動契約（含臨時性派遣工作）通常習慣完成工作之執行契約地法」定其準據法；若慣行完成工作地不在同一國內，則依「僱用國法」定其準據法。惟法官仍得以契約與他國顯有最重要牽連關係，而以該他國法為契約之準據法，規避前述兩項選法之連繫因素[67]。

(二) 其他國際公約

　　除1980年羅馬公約外，在此本文另外列舉目前仍有效存在之兩項特殊國際公約：分別為1955年海牙國際動產買賣契約準據法公約[68]，與1978年海牙居間仲介與代理（表）契約準據法公約[69]。前者如1980年羅馬公約，採二元論模式選法，後者則須區分與各當事人間關係，分別討論有關準據法之適用問題。

1. 1955年海牙國際動產買賣契約準據法公約

　　該公約迴避了所有討論當事人假設的意思的可能性，而代之以兩種客觀的規則，作為判斷選定準據法的標準：在一般規則

---

[67] 公約第6條第2項後段。

[68] La Convention de La Haye du 15 juin 1955 sur la loi applicable aux ventes à caractère international d'objets mobiliers corporels，該公約已於1964年9月1日正式生效。

[69] La Convention de La Haye du 1 mars 1978 sur la loi applicable aux contrats intermédiaire et à la représentation，由於代理與代表在我國法制上為不同之概念，而該公約涉及之概念範圍及於二者，故本文一併羅列。有關我國法制關於代理之概念，可參考林恩瑋，我國民法上關於意定代理之研究，軍法專刊，第42卷第1期，1996年1月，頁31以下。

上，適用「賣方於接受要約之時之慣居地國」，作為契約於當事人意思欠缺時之準據法（第3條第1項）。例外情形如賣方或其代表人已經接受要約，則適用「買方之慣居地國」作為契約之準據法（第3條第2項）。金錢貨品買賣交易契約，則依「金錢貨品所在地國」法作為契約準據法。

　　公約中援用「慣居地」（la résidence habituelle）作為替代習慣上所常見的「契約訂定地」（le lieu de conclusion），迴避了國際契約上，因為訂定契約常以電報、電話或其他通訊工具聯繫，使得確認契約訂定地滋生判斷準據法困難的現象。此外，公約似乎也有默示迴避適用「契約履行地」的傾向[70]。

2. 1978年海牙居間仲介與代理（表）契約準據法公約

　　該公約於1992年5月1日生效，按照居間仲介與代理（表）之關係性質，可分為兩種情形討論其準據法於當事人意思欠缺時之適用：

　　第一種情形，關於居間仲介人、代理（表）人及主契約當事人間之關係：於當事人意思欠缺選法時，公約第6條第1項規定依「專業事務所所在地國」或「居間仲介人、代理（表）人於簽訂居間仲介與代理（表）契約時之慣居地國」等客觀連繫因素決定準據法。如果居間仲介人、代理（表）人有數事務所時，即選定「與該居間仲介、代理（表）關係有最重要牽連之事務所所在之國」，作為契約之準據法。

　　第二種情形，關於居間仲介人、代理（表）人及主契約第

---

[70] Loussouarn, *op. cit.*, p. 467.

三人間之關係：於當事人意思欠缺選法時，公約第11條第1項規定依「居間仲介、代理（表）關係發生時該居間仲介人、代理（表）人之專業事務所所在地國之內國法（la loi interne）」。如居間仲介人、代理（表）人有數個專業事務所，則依「與訴訟行為最密切之事務所之國」作為契約準據法之指引[71]。

肆、結　論

　　長久以來有關當事人意思自主原則的理論爭辯，始終搖擺在客觀主義與主觀主義的取捨之間。主觀主義往往結合了是否承認當事人自主原則，與當事人意思自主原則是否毫無加以限制等問題。其理論基礎受到客觀主義者嚴格的批評與挑戰。這主要在於，主觀主義仍然無法滿意答覆關於當事人意思自主的質疑，而公安法規的不可逾越性似乎仍是各國法官在適用法律習慣上的一種堅持。

　　如果我們能夠掌握有關這項問題的兩種選法模式——即一元論與二元論，那麼將不難理解為何我國法院對於當事人意思不明時，是否應探求默示意思表示，所採取的一種相對保守的態度[72]。我國現行立法原則採行選法模式二元論，應屬相當明確。其固然於審判實務上有其便利性，然亦可能無法充分應付各式多樣化的國際契約問題，而流於僵硬。

---

[71]　V. Heuzé, La vente internationale de marchandises, Traité des contrats, L.G.D.J., fév. 2000, p. 69.

[72]　相同的意見，可參考游啟忠，同前註41，頁269。

　　實則，觀察1980年羅馬公約，也可發現二元論模式下的許
多矛盾與不完備之處。特別是1980年羅馬公約本身在立法上意
圖混合傳統選法理論與新選法理論，雖然看起來似乎創造了新的
選法模式，然而卻可能造成更多的矛盾與衝突。

　　思考此一問題之根源，吾人不難發現，有關當事人意思自主
原則欠缺時之選法模式，還是要回到最初有關於選法理論的基礎
問題上觀察，始能為較公正的評斷。本文認為，在傳統選法模式
與新選法模式之間，或許存在著另一種選擇，可以使法官在此等
當事人意思選法欠缺之情形下，無論適用一元論或二元論的方
法，都能達到相對合理的結果。本文主張，依循開放方式的選
法理論，由法官昭示本案契約所欲追求之主要價值，由當事人參
與選法程序驗證，不但操作上可避免法官專斷與彌補其經驗之限
制，並可提升當事人對判決之信賴[73]，其對此等案件之解決，似
為一有效可行的方案。

---

[73] 林恩瑋，同前註28，頁144以下。

參考文獻

一、中文部分

曾陳明汝，國際私法原理，1991年5月四版。

林恩瑋，新修正涉外民事法律適用法第20條的幾點疑義，收錄於國際私法理論與案例研究（2），2017年。

林恩瑋，國際私法選法理論之比較，東海大學法學研究，第17期。

林恩瑋，開放方式的選法理論，東海大學法學研究，第27期。

許兆慶，國際私法上「最重要關連原則」之理論與實際─以涉外侵權行為選法規範為中心，東海大學法學研究，第16期。

游啓忠，論國際私法上當事人意思自主原則於我國最高法院判決運用之研析，中正大學法學期刊，第5期。

柯澤東，從國際私法方法論探討契約準據法發展新趨勢─並略評兩岸現行法，國立臺灣大學法學論叢，第23卷第1期。

林恩瑋，我國民法上關於意定代理之研究，軍法專刊，第42卷第1期，1996年1月。

陳隆修，國際私法契約評論，1986年2月初版。

劉鐵錚，國際私法論叢，1991年3月修訂再版。

許兆慶，國際私法上「即刻適用法則」簡析，軍法專刊，第42卷第3期，1996年3月。

馬漢寶，國際私法總論，1990年8月十一版。

二、外文部分

Angers 18 mai 1989, RCDIP, 1990.

B. Audit, Droit International Privé, 3e éd., 2000.

Civ. 21 juin 1950, RCDIP, 1950.

Civ. 25 mars 1980, Mercator Press, RCDIP, 1980.

Civ. 5 déc. 1910, S. 1911.1.129, note Lyon-Caen, Rev. dr. int. pr. 1911.

Convention de La Haye du 14 mars 1978 sur la loi applicable aux con-
trats d'intermédiaires et à la représentation, http://www.hcch.net/
f/conventions/menu27f.html.

Convention de Rome sur la loi applicable aux obligations contrac-
tuelles, 1980, http://adminet.com/eur/loi/leg_euro/fr_480A0934.
html.

Convention sur la loi applicable aux ventes à caractère international
d'objets mobiliers corporels, http://www.hcch.net/f/conventions/
menu03f.html.

H. Battifol, Subjectivisme et Objectivisme dans le droit international
privé des contrats, Mélanges Maury, 1960.

J. Foyer, Entrée en vigueur de la Convention de Rome du 19 juin 1980
sur la loi applicable aux obligations contractuelles, Convention de
Rome du 19 juin 1980.

K. Neumayer, Autonomie de la volonté et dispositions impératives en
droit international privé, RCDIP, 1957.

Lauritzen v. Larsen, 345 U.S. 571 (25 mai 1953), RCDIP, 1954.

P. Lagarde, Le nouveau droit international privé des contrats après
l'entrée en vigueur e la Convention de Rome du 19 juin 1980,
RCDIP, 1991.

P. Lagarde, Le principe de proximité dans le droit international privé
contemporain, Rev. Acad. La Haye, 1986.

P. Mayer et V. Heuzé, Droit International Privé, 7e éd., 2001.

Pierre Mayer, Bibliographie, RCDIP, oct.-déc. 1990.

Savigny, Droit Romain, VIII, 374. Trad. Guenoux.

V. Heuzé, La réglementation française des contrats internationaux, étude critique des méthodes, Paris, 1990.

V. Heuzé, La vente internationale de marchandises, Traité des contrats, L.G.D.J., fév. 2000.

Versailles 6 fév. 1991, Rev. crit. 1991.

Y. Loussouarn et P. Bourel, Droit International Privé, 7e éd., 2001.

|第五章|
兩岸商品責任法律適用問題之研究

壹、前　言

　　自1979年中國大陸實施改革開放政策之後，兩岸經濟的發展與交流已經進行近四十年。根據經濟部國際貿易局的統計資料顯示，兩岸貿易往來、市場投資及整合逐年攀升，中間雖有小挫，然整體而言仍顯示成長之勢。臺灣對中國大陸貿易進出口總額，單2017年9月即達127.8億美元，占臺灣整體貿易總額比重25%（同期美國為11.3%，日本為10.8%）；2017年1月至9月累計更達995.1億美元，占臺灣整體貿易總額比重23.6（同期美國為11.7%，日本為11%）。其中出口至中國大陸（含香港）之貨物，以電機設備及其零件所占比重為最高，2017年1月至9月累計達507.9億美元，占所有出口產品比重54.6%，其次則為光學等精密儀器（占所有出口產品比重9.2%）與機械用具及其零件（占所有出口產品比重98.3%）[1]。

　　隨著兩岸市場的逐步開放，各項產業生產鏈與銷售端的漸次整合，因商品之製造、經銷與輸入所產生之相關法律責任問

---

[1]　相關統計數據，可參考經濟部國際貿易局網站：https://www.trade.gov.tw/Pages/List.aspx?nodeID=1375，2021年7月7日。

題，亦越見其重要。一個銷售於中國大陸地區或臺灣地區的商品，可能由臺灣地區公司設計，大陸地區公司製造，然後藉由臺灣或大陸之經銷商進行銷售；也可能由大陸地區公司設計，臺灣地區公司製造或代工，由大陸地區公司直營直銷，或藉由臺灣地區公司代銷等方式進行。無論如何，兩岸間因相互產業分工所製造之商品、產生之責任問題，由於橫跨兩個法域以上，而各法域間對於商品責任之規範未盡相同，因此在此類商品責任之案件中，法官究應如何適用法律，以滿足消費者保障及個案正義之需求，即有研究之必要。

本文以下依序先就兩岸關於商品責任之實體法規定進行整理，並說明兩岸實體法政策的發展趨勢，其次再就兩岸關於商品責任之法律選擇規範進行分析，檢驗相關法律適用方式是否符合，或是能達成商品責任實體法政策之發展趨向，最後，則是以日前所發生的大統長基混油案檢驗，分析臺灣法院之法律適用步驟，並提出本文之見解，作為結論。

貳、兩岸商品責任的實體法政策趨勢

一、大陸地區關於商品責任之實體法規範

大陸地區稱商品責任之用語為「產品責任」，最早見於民法通則第122條規定：「因產品質量不合格造成他人財產、人身損害的，產品製造者、銷售者應當依法承擔民事責任。運輸者、倉儲者對此負有責任的，產品製造者、銷售者有權要求賠償損

失。」確立了以**產品品質責任**為中心的產品責任制度。爾後國務院在1979年7月31日頒布標準化管理條例，建立產品的品質標準，作為產品品質責任之基礎。

　　一般認為，民法通則第122條之產品品質責任，係屬於民法通則第106條第3款所指之「沒有過錯，但法律規定應當承擔民事責任的，應當承擔民事責任」情形，亦即「無過錯責任」[2]。**銷售者為直接責任人**（亦即所謂「**先付責任**」）[3]，而**最終責任人則為製造者**。而得提出求償的，應當是遭受產品質量不合格而產生財產或人身損害的被害人。至於運輸者、倉儲者之規定，則是內部求償的原則，在運輸者、倉儲者造成產品質量不合格的情形下，產品製造者、銷售者於賠償完被害人後，取得向此等業者追償之權利。

　　1993年產品品質法進一步地調整產品品質責任體系，採用**缺陷產品責任**體系作為產品責任的基礎。產品品質法第46條規定：「本法所稱缺陷，是指產品存在危及人身、他人財產安全的不合理的危險；產品有保障人體健康和人身、財產安全的國家標準、行業標準的，是指不符合該標準。」同法第四章以下並就產品缺陷所造成之損害賠償責任做了明確的規定。

　　上開以**銷售者作為直接責任人，製造者作為最終責任人**的立法形式另外可見於消費者權益保護法。該法第40條規定：「消費者在購買、使用商品時，其合法權益受到損害的，可以向銷售

---

[2]　王竹，「趨同進化」、「雜交育種」與「基因遺傳」—中國大陸產品責任制度的三大階段，月旦民商法雜誌，第53期，2016年9月，頁52-72。

[3]　楊立新，論不真正連帶責任類型體系及規則，當代法學，第3期，2012年5月，頁59-61。

者要求賠償。銷售者賠償後，屬於生產者的責任或者屬於向銷售者提供商品的其他銷售者的責任的，銷售者有權向生產者或者其他銷售者追償（第1項）。消費者或者其他受害人因商品缺陷造成人身、財產損害的，可以向銷售者要求賠償，也可以向生產者要求賠償。**屬於生產者責任**的，銷售者賠償後，**有權向生產者追償。屬於銷售者責任**的，生產者賠償後，**有權向銷售者追償**（第2項）。消費者在接受服務時，其合法權益受到損害的，可以向服務者要求賠償（第3項）。」其中用語**「生產者」**與民法通則之**「製造者」**雖有不同，但實際上指的是同樣的業者。在外部關係上，為了方便消費者求償，採用**無過錯不真正連帶責任**的結構；在內部關係上，除了延續民法通則的銷售者先付責任外，並對於最終責任人究竟是銷售者還是製造者／生產者，做了更為彈性的規定。

　　2009年通過的**侵權責任法**，在產品品質法規範架構的基礎上續行發展，於該法第五章（第41條至第47條）就產品責任做了專章的規定。第41條規定：「因產品存在缺陷造成他人損害的，**生產者**應當承擔侵權責任。」第42條規定：「因銷售者的過錯使產品存在缺陷，造成他人損害的，**銷售者**應當承擔侵權責任（第1項）。銷售者不能指明缺陷產品的生產者也不能指明缺陷產品的供貨者的，銷售者應當承擔侵權責任（第2項）。」二者保持了產品品質法生產者的**嚴格最終責任**，銷售者的**過錯最終責任**，以及來源不明缺陷產品時，銷售者責任的立法架構[4]。第

---

[4]　可參考黃茂榮，大陸侵權責任法概說（下），植根雜誌，第28卷第2期，頁1-17。

43條並規定只要是生產者，不問有無過錯，造成產品缺陷者，即應負賠償責任，並與銷售者一起承擔「**無過錯不真正連帶責任**」[5]。

此外，較為特別的是侵權責任法第47條規定：「明知產品存在缺陷仍然生產、銷售，造成他人死亡或者健康嚴重損害的，被侵權人有權請求相應的懲罰性賠償。」在侵權責任體系中引進了懲罰性賠償制度，然而**條文中就懲罰性賠償之倍數範圍上限並未做出明確規定**。不過，在消費者權益保護法中，第55條則規定：「經營者提供商品或者服務**有欺詐行為**的，應當按照消費者的要求**增加賠償其受到的損失**，增加賠償的金額為消費者購買商品的**價款**或者**接受服務的費用的三倍**；增加賠償的金額**不足五百元的**，**為五百元**。法律另有規定的，依照其規定（第1項）。經營者**明知**商品或者服務**存在缺陷**，仍然向消費者提供，造成消費者或者其他受害人死亡或者健康嚴重損害的，受害人有權要求經營者依照本法第四十九條、第五十一條等法律規定賠償損失，並有權要求所受**損失二倍以下的懲罰性賠償**（第2項）。」對於懲罰性賠償的數額上限具體設定了標準。此外，2015年修訂的食品安全法中，第148條規定：「生產不符合食品安全標準的食品或者經營明知是不符合食品安全標準的食品，消費者除要求賠償損失外，還可以向生產者或者經營者要求支付

---

[5] 侵權責任法第43條：「因產品存在缺陷造成損害的，被侵權人可以向產品的生產者請求賠償，也可以向產品的銷售者請求賠償（第1項）。產品缺陷由生產者造成的，銷售者賠償後，有權向生產者追償（第2項）。因銷售者的過錯使產品存在缺陷的，生產者賠償後，有權向銷售者追償。（第3項）」可參考王竹，同註2，頁64以下。

價款十倍或者損失三倍的賠償金；增加賠償的金額不足一千元的，爲一千元。但是，食品的標籤、說明書存在不影響食品安全且不會對消費者造成誤導的瑕疵的除外。」將不符合食品安全標準的產品所造成損失，消費者得請求的損害賠償範圍擴充到價款10倍或損失3倍的賠償金。條文雖然未明文指出此爲懲罰性賠償之規定，但依據損害填補之概念來看，應該認爲其性質即爲懲罰性賠償[6]。

二、臺灣地區關於商品責任之實體法規範

　　臺灣地區對於商品責任的實體法規範，一般性的規定見於民法第191條之1：「商品製造人因其商品之通常使用或消費所致他人之損害，負賠償責任。但其對於商品之生產、製造或加工、設計並無欠缺或其損害非因該項欠缺所致或於防止損害之發生，已盡相當之注意者，不在此限（第1項）。前項所稱商品製造人，謂商品之生產、製造、加工業者。其在商品上附加標章或其他文字、符號，足以表彰係其自己所生產、製造、加工者，視爲商品製造人（第2項）。商品之生產、製造或加工、設計，與其說明書或廣告內容不符者，視爲有欠缺（第3項）。商品輸入業者，應與商品製造人負同一之責任（第4項）。」本條之規定，採取推定過失責任（舉證責任倒置），或有以其性質介於過失責任與無過失責任之間，稱之爲「中間責任」者[7]。

---

[6] 可參考張新寶，中國大陸「消保法」中的懲罰性賠償，月旦民商法雜誌，第45期，2014年9月，頁17-37。

[7] 孫森焱，民法債編總論（上），自刊，2006年9月，頁322。

　　上開民法之規定主要係針對商品製造人，故臺灣學者多將之稱為「商品製造人責任」。所謂商品製造人，係指自然產物之生產，以及工業產品之設計、製造及加工業者。不僅如此，在商品上附加標章或其他文字、符號，足以表彰係其自己所生產、製造、加工者，以及商品輸入業者（包括在外國輸出商品至臺灣之出口商，以及在我國之進口商）亦被視為商品製造人，其定義範圍所涉甚廣。

　　因此，依據上開民法規定，商品製造人責任之基本成立要件為：(一)債務人需為商品製造人；(二)須為商品之通常使用或消費所致他人之損害；以及(三)須因商品之通常使用或消費致他人之**權利或利益**受侵害而發生損害等。

　　在特別法部分，最具代表性的規範則為消費者保護法。消費者保護法第7條規定：「從事設計、生產、製造商品或提供服務之企業經營者，於提供商品流通進入市場，或提供服務時，應確保該商品或服務，符合當時科技或專業水準可合理期待之安全性（第1項）。商品或服務具有危害消費者生命、身體、健康、財產之可能者，應於明顯處為警告標示及緊急處理危險之方法（第2項）。企業經營者違反前二項規定，致生損害於消費者或第三人時，應負連帶賠償責任。但企業經營者能證明其無過失者，法院得減輕其賠償責任（第3項）。」學理上稱之為「**商品製造者責任**」；第8條規定：「從事經銷之企業經營者，就商品或服務所生之損害，與設計、生產、製造商品或提供服務之企業經營者連帶負賠償責任。但其對於損害之防免已盡相當之注意，或縱加以相當之注意而仍不免發生損害者，不在此限（第1項）。前項之企業經營者，改裝、分裝商品或變更服務內容者，

視爲第七條之企業經營者（第2項）。」學理上稱之爲「**商品經銷者責任**」；第9條規定：「輸入商品或服務之企業經營者，視爲該商品之設計、生產、製造者或服務之提供者，負本法第七條之製造者責任。」學理上則稱之爲「**商品輸入者責任**」[8]。

　　與大陸地區消費者權益保護法規定不同的，在於上開消費者保護法規定，對於商品製造者以及商品輸入者採取之責任原理爲「**無過失責任**」，而對於商品經銷者採取「**中間責任**」。於應負責主體爲多數人時，則採連帶損害賠償責任。不過，臺灣地區消費者保護法與大陸地區消費者權益保護法同樣均有懲罰性賠償之設計，消費者保護法第 51 條規定：「依本法所提之訴訟，因企業經營者之故意所致之損害，消費者得請求損害額五倍以下之懲罰性賠償金；但因重大過失所致之損害，得請求三倍以下之懲罰性賠償金，因過失所致之損害，得請求損害額一倍以下之懲罰性賠償金。」不但對於懲罰性賠償上限有所規定，並且將之分爲「故意」、「重大過失」與「過失」三級，分別適用不同的懲罰性賠償規則。

三、兩岸實體法之商品責任立法政策比較

　　臺灣地區與大陸地區在商品責任的立法政策上具有共同性，亦具有差異性。在共同性部分，立法政策上均將**商品製造者／生產者對於其所製造之商品擔負無過失責任，並傾向放寬消費者**

---

[8]　邱聰智，消費者保護法上商品責任之探討，消費者保護研究，第2輯，1996年1月，頁61-86。

對於商品製造者／生產者求償條件之限制。此外，為保障消費者權益，提升商品品質，避免惡質產業競爭，惡意製造或流通劣質、侵害人身財產權益之商品，同樣在**立法政策上都採用了懲罰性賠償制度，作為維護商品品質的手段**，也肯定消費者能夠向商品製造人主張這種懲罰性賠償之權利。

在差異性方面，主要見於對銷售者／經銷者與製造者／生產者等主體的責任規定，不盡相同。大陸地區採取**銷售者作為直接責任人，製造者作為最終責任人的立法形式**，在消費者權益保障法規定中，**銷售者與製造者均為「經營者」，且二者均為「無過錯責任」，對外並負「無過錯不真正連帶責任」**；而臺灣地區則採取**商品經銷者負擔「中間責任」**（如經銷者能證明對於損害之防免已盡相當之注意，或縱加以相當之注意而仍不免發生損害者，則無須負責），僅**商品製造者**以及**商品輸入者**負擔**「無過失責任」**[9]。並且在懲罰性賠償的上限額方面，臺灣地區最高為損害額之5倍，大陸地區則漸趨向於不規定上限，並放寬消費者得請求的懲罰性賠償範圍到商品價款10倍或損失3倍的賠償金。

---

[9]　實則商品輸入者應在經銷者之概念範圍內，臺灣地區消費者保護法之所以獨立規定，寓有強化輸入者責任，提升消費者保護之規範目的。邱聰智，同前註8，頁70。

參、兩岸商品責任的準據法選擇

一、臺灣地區相關法律之規定

　　首先應梳理者，為臺灣地區處理法律衝突問題上，所呈現的二種不同法律適用模式。

　　第一種法律適用模式，為「區域衝突法」模式，係以法律關係之**權利主體**作為法律適用的標準。這種法律適用模式以臺灣地區與大陸地區人民關係條例（以下簡稱「兩岸人民關係條例」）為代表。兩岸人民關係條例第41條規定：「臺灣地區人民與大陸地區人民間之民事事件，除本條例另有規定外，適用臺灣地區之法律（第1項）。大陸地區人民相互間及其與外國人間之民事事件，除本條例另有規定外，適用大陸地區之規定（第2項）。」易言之，如果民事法律關係權利主體涉及臺灣地區人民與大陸地區人民者，應先適用兩岸人民關係條例第三章「民事」之相關規定，如無規定時，則適用臺灣地區之法律。成問題者，此處所指之「臺灣地區法律」，究竟係指臺灣地區實體法，抑或包括臺灣地區衝突法者？實務上臺灣法院多採前者看法[10]。本文則認為，如果從兩岸人民關係條例第43條規定：「依

---

[10] 例如臺灣臺北地方法院105年度訴字第3897號民事裁定即指出：「又臺灣地區人民與大陸地區人民間之民事事件，除本條例另有規定外，適用臺灣地區之法律，固為臺灣地區與大陸地區人民關係條例（下稱兩岸人民關係條例）第41條第1項所明定，然徵諸兩岸人民關係條例第43條以下相關條文，皆屬實體爭執所應適用之法律規範，不涉司法主權行使之訴訟法規定，自應認所謂『本條例另有規定外，適用臺灣地區法律』，係指適用民事實體法，非包含訴訟管轄等程序法。」又如臺灣基隆地方法院基隆簡易庭104年度基海商簡字第2號民事判決中，案件涉及託運人臺灣公司、運送人（被告）大陸公司與保險人臺灣公司之

本條例規定應適用大陸地區之規定時，如大陸地區就該法律關係無明文規定或依其規定應適用臺灣地區之法律者，適用臺灣地區之法律。」採取「直接反致」的體例看來，所謂臺灣地區之法律，似亦應包括臺灣地區之衝突法在內。

　　另一個問題是，當案件當事人包括臺灣地區人民、大陸地區人民與外國人時，在法律適用順序上，應該如何處理？臺灣法院有認為這種案件仍係涉外案件，因此應依據當事人間之個別法律關係分別適用兩岸人民關係條例，以及涉外民事法律適用法（以下簡稱「涉外民法」）之相關規定處理之，可資參考[11]。

　貨損保險代位求償問題，法院認為：「本件係屬涉外民事事件。至於涉及大陸地區部分（即被告上海海華公司部分），據臺灣地區與大陸地區人民關係條例第41條第1項規定『臺灣地區人民與大陸地區人民間之民事事件，除本條例另有規定外，適用臺灣地區之法律。』而臺灣地區與大陸地區人民關係條例就此涉及大陸地區部分，未另有其他規定，是應適用我國法為準據法。」亦將本條解釋為直接適用臺灣地區實體法規定，可資參照。

[11]　例如臺灣高雄地方法院99年度重訴更（一）字第1號民事判決：「是以，本件被告雖為我國法人，惟原告係貝里斯法人，系爭失竊貨物乃被告之履行輔助人物流公司暨運輸公司在香港結關受領後，欲於翌日以貨櫃車方式運送至東莞察步前失竊，經核本件為一含有涉及貝里斯、香港、中國（大陸地區）之人、地、事、物等涉外成分（Foreign Elements）之物品運送契約法律關係涉訟之爭議，而涉及貝里斯、香港、中國及我國等法域，應屬涉外民事事件，至為明灼。」判決又進一步說明準據法適用原則：「倘涉及中國之人、地、事、物、船舶等涉外成分之民事事件者，自應優先適用兩岸關係條例之各該規定。基此，如涉及中國之民事事件為我國人民與中國人民間之民事事件者，除兩岸關係條例另有規定外，應適用我國之實體法；如純粹為中國人民相互間及其與外國人間之民事事件者，除兩岸關係條例另有規定外，應適用中國之實體法。復按『民事事件，涉及香港或澳門者，類推適用涉外民事法律適用法。涉外民事法律適用法未規定者，適用與民事法律關係最重大牽連關係地法律。』為香港澳門關係條例第38條明定，此一規定為兩岸關係條例之特別法，應優先兩岸關係條例而為適用，是倘涉及香港或澳門之民事事件，無論為我國人民與香港或澳門人民間之民事事件，甚或包括中國人民與香港或澳門人民間之民事事件，即應準用

　　上開法律適用模式除以屬人標準作為法律適用之基礎外，還表現出偏好適用法庭地法（臺灣地區法律）的傾向。兩岸人民關係條例第43條規定：「依本條例規定應適用大陸地區之規定時，如大陸地區就該法律關係無明文規定或依其規定應適用臺灣地區之法律者，適用臺灣地區之法律。」第45條復規定：「民事法律關係之行為地或事實發生地跨連臺灣地區與大陸地區者，以臺灣地區為行為地或事實發生地。」將最後法律適用的原則導向臺灣地區之法律，並且預先就跨連行為地、事實發生地定性為臺灣地區，其立法政策上明顯偏向保障臺灣地區人民之利益，可見一斑[12]。

　　第二種法律適用模式，為「國際私法」模式，以案件是否存在**涉外因素**作為開啟這種法律適用模式之條件。這種法律適用模式主要是以衝突法則，亦即涉外民法為基礎。必須說明者，為「涉外因素」之概念似無法援用於臺灣地區與大陸地區人民之民事事件中，這主要是因為兩岸人民關係條例第41條在法律適用的基礎上僅考慮屬人因素，而不考慮屬地因素。因此，如若系爭民事案件的主體均為臺灣人，或為臺灣人與外國人（非大陸、香港及澳門地區之外國籍人民）時，即使案件地理性事實涉及到大陸地區，臺灣法院一般認為案件事實仍具涉外性，而適用涉外民法之規定，非直接適用臺灣實體法規[13]，或兩岸人民關係條例等

　　（法文用語為「類推適用」）涉外民事法律適用法；如涉外民事法律適用法未規定者，再適用與民事法律關係最重大牽連關係地之法律。」

[12] 林恩瑋，國際私法理論與案例研究（2），五南，2017年，頁33以下。

[13] 不同的意見，認為直接適用臺灣地區之法律即可者，如伍偉華，台灣涉陸確認婚姻無效訴訟之區際衝突法，收錄於賴來焜編，2007年兩岸國際私法研討會論文集，元照，2008年，頁147-174。

相關規範[14]。

綜合上述，簡單將此二類法律適用模式列表如表5-1。

表5-1　區域衝突法模式與國際私法模式

法律適用模式	區分標準	適用原則	適用例外	備註
區域衝突法	權利主體：臺灣地區人民／大陸地區人民	兩岸人民關係條例第三章	臺灣地區法律	臺灣地區之法律是否包括涉外民法？有不同看法
	權利主體：臺灣地區／大陸地區／其他國家或地區人民	分別依據個別關係適用涉外民法與兩岸人民關係條例	當事人均為臺灣地區人民時，於大陸地區之法律關係得直接適用臺灣法（部分學者主張）	法律關係在何地發生，在所不問

---

[14] 相同見解，例如臺灣臺北地方法院105年度北簡字第12466號民事簡易判決即認為：「是依兩岸人民關係條例第1條之立法目的及第41條第1項、第2項之規範對象觀之，均係限於臺灣地區人民與大陸地區人民往來所生之法律事件，兩造既均為我國國民，自與兩岸人民關係條例所欲規範之對象及立法目的不符，應無該條例之適用（臺灣高等法院106年度上易字第281號民事判決意旨可參）。惟兩造因系爭本票發生訟爭，具有涉外因素，已如上述，故本案準據法為何，仍應適用涉外民事法律適用法以定之。」臺灣新北地方法院105年度重訴字第705號民事判決中，原告係於香港設立之外國法人，被告為臺灣公司，雙方因契約履行問題發生爭議（契約履行地為上海），法院就本案適用涉外民事法律適用法，認為當事人既於契約中約定以中華人民共和國合同法作為準據法，則本案之準據法應為中華人民共和國合同法。此外，臺灣高等法院106年度上易字第281號民事判決亦指出：「兩造既均為我國國民，自與兩岸人民關係條例所欲規範之對象及立法目的不符，應無該條例之適用。惟兩造因系爭權議書及系爭房屋發生訟爭，具有涉外因素，已如上述，復未約定應適用之法律，而由系爭權議書以簡體字製作，內容復約定存滿期後到村委正式移轉權證予被上訴人，上訴人應配合辦理使用權轉移之各項手續等節以觀，堪認大陸地區法律應為關係最切之法律，是依涉外民事法律適用法第20條第1項、第2項規定，本件準據法即應依關係最切之大陸地區法律。」顯然並未直接適用臺灣地區實體法之規定，仍將系爭案件適用涉外民事法律適用法，以決定案件之準據法。

表5-1　區域衝突法模式與國際私法模式（續）

法律適用模式	區分標準	適用原則	適用例外	備註
國際私法	涉外因素：外國人／外國地	涉外民法	強行法／即刻適用法	1. 涉外民法具有強制性 2. 即刻適用法並未為實務所採

　　關於兩岸產品責任之準據法，於當事人為臺灣地區人民與大陸地區人民時，因為兩岸人民關係條例第三章「民事」中對此並無明文[15]，因此依據兩岸人民關係條例第41條規定，此時應適用臺灣地區之法律。如前所述，於此可能有兩種不同的解釋，第一種是將「臺灣地區之法律」解釋為臺灣地區之「實體法」，則此時臺灣法院應適用臺灣地區之民法與消費者保護法等相關規定；第二種則是將「臺灣地區之法律」解釋為包括臺灣地區之「衝突法」，則依據此見解，臺灣法院似不能直接適用臺灣地區

---

[15] 或可能認為，此時應適用兩岸人民關係條例第50條規定：「侵權行為依損害發生地之規定。但臺灣地區之法律不認其為侵權行為者，不適用之。」惟本文以為，侵權行為著眼於行為本身的不適法性，屬於「行為責任」，在選擇準據法的考慮上，涉及到法秩序規劃的一般倫理依據，因此著重於行為做成地判斷其行為是否具有不法性，而行為人對此造成的損害必須負責填補此項考慮不僅在實體法上，亦呈現於衝突法則上。而產品責任則著重於產品瑕疵所造成之危險問題，應當如何分擔與控制，因此係基於衡平原則或分散危險造成之損害，作為立法上考慮的重心，一旦立法上決定對於產品所造成的危險必須規劃由特定業者承擔，該特定業者即須負起法定之責任（通常為無過失責任），一般而言，立法上會偏向於危險發生地對於這種產品責任究竟採取什麼樣的態度，以決定法律的適用。因此侵權行為之衝突法則，與產品責任之衝突法則，二者立法目的與考慮的重點均未必相同，似不宜率爾認為兩岸人民關係條例第50條規定可同時包括侵權行為與產品責任之法律適用。

之民法與消費者保護法等相關規定，而應當適用涉外民法第26條規定：「因商品之通常使用或消費致生損害者，**被害人**與**商品製造人**間之法律關係，依**商品製造人之本國法**。但如商品製造人**事前同意或可預見**該商品於下列任一法律施行之地域內銷售，**並經被害人選定**該法律為應適用之法律者，依該法律：一、損害發生地法。二、被害人買受該商品地之法。三、被害人之本國法。」

修正說明謂：「因商品之通常使用或消費致生損害者，被害人與商品製造人間之法律關係，涉及**商品製造人之本國法關於其商品製造過程之注意義務**及**所生責任**之規定。爰規定**原則上應適用商品製造人之本國法**。但如前述被害人之所以因商品之通常使用或消費而受損害，乃是因為商品製造人之創造或增加被害人與商品接觸之機會所致，或謂其間具有相當之牽連關係者，即**有特別保護被害人之必要**。爰參考1973年海牙產品責任準據法公約第4條至第7條、瑞士聯邦國際私法第135條、義大利國際私法第63條等立法例之精神，於但書明定如商品製造人事前同意或可預見該商品於損害發生地、被害人買受該商品地或被害人之本國銷售者，被害人得就該等地域之法律選定其一，為應適用之法律。」

修正說明強調為特別保護被害人，賦予被害人在一定條件下得自由選定對其有利之損害發生地法、被害人買受該商品地之法或被害人之本國法作為案件之準據法，此項設計與實體法上側重於保障商品被害人之潮流趨向相一致，值得肯定。不過，細譯涉外民法第26條之內容，可發現其與1973年之海牙產品責任法律適用公約（Convention of 2 October 1973 on the Law Applicable to Products Liability，以下簡稱「1973年海牙公約」）規定，並不相同[16]。

首先，1973年海牙公約第4條採用的原則是，當損害發生地國的內國法（the internal law of the State of the place of injury）同時也是直接被害人之慣常住所地法（the place of the habitual residence of the person directly suffering damage），或被請求承擔責任人的主營業地法（the principal place of business of the person claimed to be liable），或直接被害人獲取產品地法（the place where the product was acquired by the person directly suffering damage）時，且能證明被請求承擔責任人能夠合理地預見該產品或其同類產品會經由商業渠道在該國流通者（1973年海牙公約第7條反面解釋），適用損害發生地國的內國法作為產品責任之準據法。易言之，在準據法的適用方式上採取「**累積適用**」方式，於累積適用之**條件均成就時**，原則上以「**損害發生地國的內國法**」作為產品責任案件之準據法。此與涉外民法第26條僅以「商品製造人之本國法」為準據法之法律適用型態明顯不同。

其次，1973年海牙公約的法律適用梯次為：損害發生地國的內國法（第4條）、直接被害人之慣常住所地法（第5條）與被請求承擔責任人的主營業地法（第6條），且準據法適用方式上均採用「累積適用」。但涉外民法第26條規定則是採取準據

---

[16] 嚴格來說，1973年海牙產品責任法律適用公約並不是一個成功的國際公約，簽約國僅法國、比利時、克羅埃西亞、芬蘭、馬其頓、義大利、盧森堡、蒙特內哥羅、荷蘭、挪威、葡萄牙、塞爾維亞、斯洛維尼亞以及西班牙等14國，主要為歐洲國家。

法「選擇適用」與「累積適用」並行的模式，比較接近瑞士聯邦國際私法第135條，但也不完全一樣，因為瑞士聯邦國際私法第135條之規定為被害人可以選擇下列的法律作為產品責任之準據法：(一)「侵權行為人營業所在地國法」。如無營業所在地時，依「侵權行為人慣常住所地法」；(二)「購買產品地國法」（如果侵權行為人能證明產品未經其同意在該國販賣時，則不得適用）。除第2款規定外，準據法適用方式上並未採取累積適用。

可資批評者，依照目前國際間商品製造與銷售的經驗來看，產品責任通常與其製造地、營業地或是損害發生地較有關聯性，商品製造人的國籍與商品責任間之關係，反而較為淡薄。涉外民法第26條卻以商品製造人之本國法作為商品責任法律適用的原則，其立法理由是否充分，實有待觀察。再者，被害人之本國法與商品責任間之連繫為何？似亦未見說明。即以1973年海牙公約與瑞士聯邦國際私法第135條觀之，似亦無援用被害人之本國法作為產品責任之準據法之先例。因此本文以為，如果須以被害人之本國法作為產品責任案件中，被害人所主張準據法選項之一時，除非能證明被害人之本國法較其他國家法律更能保障被害人在系爭產品責任案件中之權益，否則增加此一選項，恐有難杜非議之虞。

此外，在產品責任案件中，是否可導入分割爭點方法（issue-by-issue）作為案件準據法之選擇，亦為值得討論之問題[17]。所謂分割爭點方法，係指法院為達個案正義，以訴訟當事

---

[17]　「分割爭點方法」，在我國學界中或譯為「各個問題有各個準據法之技巧」，或譯為「法律適用分割方法」、「分割問題」、「分割式選法」。參考陳隆修，中國思想下的全球化選法規則，五南，2012年，頁69以下。

人之主張為基礎，就系爭特定之涉外民事法律關係，分割為不同之爭點，分別適用不同準據法之選法方法[18]。臺灣地區最高法院首次使用這種方法首見於最高法院96年度台上字第1804號民事判決（即「譚嘉茵案」），該案中所揭櫫之原則為：「按某一民商法律關係（下稱主法律關係）往往由數個不同之次法律關係組合而成，因涉外民商法之關係極為複雜多樣而具有多元之連繫因素，倘由數個不同之次法律關係所組合成之主法律關係，僅適用單一之衝突法則決定其準據法，恐有違具體妥當性之要求，故**不妨分割該主要法律關係為數個平行之次法律關係，以適用不同之衝突法則來決定準據法，用以追求個案具體之妥當性。**」而後在最高法院97年度台上字第1838號民事判決中又再次確立了此一原則。從「譚嘉茵案」判決做成後十年間，臺灣地區高等法院與地方法院有十數個案例重複使用了這種分割爭點方法，其中多為外籍勞工工傷與外籍人士在臺發生之車禍等涉外侵權行為案件[19]。

　　將分割爭點方法適用於涉外產品責任案件中，主要的考慮是在於維護個案正義的需求。特別是將損害賠償成立的要件與損害賠償之項目與範圍進行分割，如果能夠因此維繫損害填補原則，並促進保護產品被害人權益政策的實現，擴大法院在法律適用方式上的裁量權範圍，避免判決造成武斷或基本上不公的後果，本文認為，這種分割爭點方法就應該為法院所適用[20]。

---

[18]　林恩瑋，國際私法理論與案例研究（1），五南，2013年，頁185以下。

[19]　例如臺灣臺北地方法院105年度北簡字第12466號民事簡易判決、臺灣高等法院104年度勞上字第111號民事判決、臺灣新北地方法院104年度勞訴字第101號民事判決、臺灣高等法院臺中分院99年度勞上字第28號民事判決等，均採用這種分割爭點方法。

[20]　然1973年海牙公約並未採取這種分割爭點方法。該公約第8條規定：「The law

二、大陸地區相關法律與司法解釋之規定

　　相較於臺灣地區複雜的法律適用模式，大陸地區相關法律與司法解釋則要明快許多。根據「最高人民法院關於審理涉台民商事案件法律適用問題的規定」第1條規定：「人民法院審理涉台民商事案件，應當適用法律和司法解釋的有關規定（第1項）。根據法律和司法解釋中**選擇適用法律的規則**，確定適用台灣地區民事法律的，人民法院予以適用（第2項）。」其中「選擇適用法律的規則」，應包括涉外民事關係法律適用法在內[21]。

　　根據涉外民事關係法律適用法第45條規定：「產品責任，適用**被侵權人經常居所地法律；被侵權人選擇**適用**侵權人主營業地法律、損害發生地法律的**，或者**侵權人在被侵權人經常居所地沒有從事相關經營活動的**，適用**侵權人主營業地法律**或者**損害發生地法律**。」本條的規定在法條敘述上有些不容易理解，申言之，其法律適用的順序如下：

---

applicable under this Convention shall determine, in particular - (1)the basis and extent of liability; (2)the grounds for exemption from liability, any limitation of liability and any division of liability; (3)the kinds of damage for which compensation may be due; (4)the form of compensation and its extent; (5)the question whether a right to damages may be assigned or inherited; (6)the persons who may claim damages in their own right; (7)the liability of a principal for the acts of his agent or of an employer for the acts of his employee; (8)the burden of proof insofar as the rules of the applicable law in respect thereof pertain to the law of liability; (9)rules of prescription and limitation, including rules relating to the commencement of a period of prescription or limitation, and the interruption and suspension of this period.」顯見不採取分割爭點方法，而統一以一個準據法方式處理涉外商品責任之損害賠償問題。

[21] 儘管在區際法律衝突的法律適用模式選擇上，實踐中也有不同的想法與理論出現，參考黃進，區際衝突法，永然，1996年，頁117以下。但目前為止，大陸地區似仍以涉外民事關係法律適用法作為統一適用法律衝突之基本原則。

(一) 法律適用原則：產品責任，適用「**被侵權人經常居所地法**」。

(二) 例外1：被侵權人如果選擇適用「**侵權人主營業地法律**」或是「**損害發生地法律**」時：尊重被侵權人的選擇，不適用「**被侵權人經常居所地法**」，而適用被侵權人所選之「**侵權人主營業地法律**」或是「**損害發生地法律**」。

(三) 例外2：侵權人在被侵權人經常居所地沒有從事相關經營活動時：不適用「**被侵權人經常居所地法**」，而適用「**侵權人主營業地法律**」或是「**損害發生地法律**」。

　　成問題者，在例外2中，當侵權人在被侵權人經常居所地沒有從事相關經營活動時，法院究竟應當先適用「**侵權人主營業地法律**」，還是「**損害發生地法律**」？抑或是不論適用次序，僅是給予法官裁量權，根據個案選定適用「**侵權人主營業地法律**」或「**損害發生地法律**」？如果不論適用次序，這種賦予法官裁量權的結果，往往很有可能使法官在選擇上傾向於適用法院地法，作為涉外產品責任的準據法，而如此適用的結果，是否與當初立法上設計之目的相合？不無疑問。

　　細譯大陸地區涉外民事關係法律適用法之規定，其原則與1973年海牙公約亦略有不同，公約採取的是「損害發生地國的內國法」累積適用「直接被害人之慣常住所地法」、「被請求承擔責任人的主營業地法」及「直接被害人獲取產品地法」，並且能證明被請求承擔責任人能夠合理地預見該產品或其同類產品會經由商業渠道在該國流通者，而涉外民法第45條則是直接適用「被侵權人（即被害人）經常居所地法」為原則，未加附其他條件。同時1973年海牙公約亦未給予被侵權人（被害人）選擇

準據法的權利，涉外民法第26條與涉外民事關係法律適用法第
45條，卻都給予被侵權人（被害人）選擇準據法的權利，可見
兩岸在商品責任問題的共同趨勢，是傾向於擴大對商品被侵權人
（被害人）之保護，盡量使其求償可能的政策方向。

肆、個案分析：祥順和對大統長基混油案

一、案件背景

　　原告廈門市祥順和經貿發展有限公司（以下簡稱「祥順
和」）為大陸地區公司，被告大統長基食品廠股份有限公司
（以下簡稱「大統長基」）為臺灣地區公司，雙方自2005年9月
29日起，透過臺灣地區林志忠的協助聯繫，祥順和陸續向大統
長基公司購買食用油，進口至大陸地區銷售。

　　後來經媒體揭露，被告大統長基董事長高振利長期以攙
偽、假冒之方式販售不純油品，甚至除棕櫚油外，其他油品均添
加有害人體健康之棉籽油，其中部分產品更添加銅葉綠素。事件
爆發後，廈門檢驗檢疫部門已要求進口商需召回及下架，致使祥
順和向大統長基所購買、尚未銷售之油品，僅能一概回收、封
存，庫存油品達3,634,051元，且陸續有下游經銷商及消費者向
原告退貨，退貨數量持續增加中。祥順和並主張，其在大陸地區
經營包含保力達蠻牛飲料、金門高粱酒銷售等食品批發零售，曾
獲廈門市工商局頒發「誠信經營示範單位」，並成為廈門進出
口檢驗檢疫局「食品安全合作研究所」。然因被告大統長基將攙

僞、假冒之黑心油品出賣予原告祥順和，致祥順和之經銷商及消費者，對於祥順和所經銷販售之食品眞僞及安全，產生信心動搖，致祥順和之市場評價及信用受有貶抑，侵害祥順和之名譽權及信用權甚鉅，大統長基販賣黑心油事件，嚴重損害祥順和長期以來在消費者心目中所建立之商譽。

　　祥順和遂在臺灣彰化地方法院對大統長基起訴，依不完全給付損害賠償請求權及侵權行爲損害賠償請求權，請求臺灣地區法院擇一有理由爲原告祥順和勝訴判決。

二、本案爭點

(一) 祥順和與大統長基因契約關係所生之責任問題上，應如何適用法律？

(二) 祥順和與大統長基因侵權關係所生之責任問題上，應如何適用法律？商譽部分的侵害，得否請求？應如何適用法律？

三、歷審法院判決

(一) 第一審臺灣彰化地方法院（臺灣彰化地方法院103年度訴字第41號民事判決）：

　　1. 契約關係部分：按臺灣地區人民與大陸地區人民間之民事事件，除本條例另有規定外，適用臺灣地區之法律；債之契約依訂約地之規定。但當事人另有約定者，從其約定；兩岸人民關係條例第41條第1項、第48條第1項分別定有明文。查原告爲大陸地區法人，其主張透過臺灣地區訴外

人林志忠協助聯繫，陸續向臺灣地區之被告大統公司購買食用油，進口至大陸地區銷售，故本件之訂約地於臺灣地區，依前揭規定，應以臺灣地區法律爲本件契約法律關係之準據法。

2. 侵權行爲部分：按侵權行爲依損害發生地之規定。但臺灣地區之法律不認其爲侵權行爲者，不適用之，兩岸人民關係條例第50條定有明文。本件原告主張因被告大統公司販賣黑心油，致彰化縣衛生局已要求被告大統公司所生產之油品均需下架回收，廈門檢驗檢疫部門亦已要求進口商需召回及下架，故已陸續有下游經銷商及消費者向原告退貨而受有損害，故本件損害發生地應在大陸地區，故依前揭法律規定，本件侵權行爲之準據法，應適用大陸地區之法律規定。

(二) 第二審臺灣高等法院臺中分院（臺灣高等法院臺中分院104年度重上字第102號民事判決）：契約關係部分與第一審見解相同。侵權行爲部分則認爲：「**按侵權行爲依損害發生地之規定**。但臺灣地區之法律不認其爲侵權行爲者，不適用之，兩岸人民關係條例第50條定有明文。本件祥順和公司主張因大統公司販賣黑心油，致彰化縣衛生局已要求大統公司所生產之油品均需下架回收，廈門檢驗檢疫部門亦已要求進口商需召回及下架，故已陸續有下游經銷商及消費者向祥順和公司退貨而受有損害，故本件損害發生地應在大陸地區，依前揭法律規定，本件侵權行爲之準據法，應適用中華人民共和國之法律規定。大統公司等雖辯稱所出售予祥順和公司油品時，此油品既已存在瑕疵，**屬商品自傷現象**，故致祥

順和公司所受的損失，屬純粹經濟上損失，自不得依民法第184條第1項前段過失侵權行為責任請求損害賠償，又所添加棉籽油及銅葉綠素並無害人體健康，棉籽油為世界各國所通用之油品，銅葉綠素為合法之食品添加劑，並無害人體。祥順和公司不得依民法第184條第1項後段故意侵權行為責任請求損害賠償，本件依我國之法律不認其為侵權行為，故無兩岸人民關係條例第50條之適用云云。惟祥順和公司係主張大統公司等故意以攙偽、假冒之方式詐欺祥順和公司買受系爭產品，則本件已非單純買賣商品有瑕疵債務不履行之問題，（……中略）**而詐欺取財於我國本可主張侵權行為損害賠償**，故大統公司等抗辯本件依我國法律不認其為侵權行為，故無兩岸人民關係條例第50條之適用云云，尚不足採。」故法院認為：「祥順和公司主張對大統公司不完全給付損害賠償請求權及侵權行為損害賠償請求權，請求法院擇一有理由為其勝訴判決，而祥順和公司向大統公司**主張不完全給付請求賠償**3,634,051**元部分，既有理由，則**祥順和公司**另依侵權行為損害賠償請求部分，則毋庸再予審酌**。又祥順和公司不完全給付請求賠償商譽損害340萬元部分為無理由：查兩岸人民關係條例第41條第1項規定：臺灣地區人民與大陸地區人民間之民事案件，除本條例另有規定外，適用臺灣地區之法律。而該條所稱人民，係指自然人、法人、團體及其他機構，為該條例施行細則第2條所明定。又侵權行為依損害發生地之規定，於該條例第50條前段已定有明文。是臺灣地區人民與大陸地區法人間之侵權行為，自應適用損害發生地之規定。惟此部分即便依大陸民法第106條第2款、第120條

及中華人民共和國侵權責任法第6條、第41條規定請求，**祥
順和公司仍須證明**其與大統公司交易油品買賣法律行為，大
統公司究如何不法侵害其商譽，致受有商譽損害，**其既不能
證明其商譽受損**，則祥順和公司另依大陸民法第106條第2
款、第120條及中華人民共和國侵權責任法第6條、第41條規
定請求大統公司賠償其商譽損失340萬元，同屬無據。」

四、本案分析

(一) 商品責任之定性問題：商品責任之事實問題，往往重疊了契
約責任與侵權責任二個領域。特別在B2B（企業間交易）的
情形尤其如此，一方面交付有瑕疵的商品，造成契約他方當
事人履行利益的損害，構成債務不履行之契約責任（不完全
給付）；另一方面如因交付有瑕疵的商品造成契約他方當事
人或第三人之損害，又同時構成侵權責任。本案祥順和公司
與大統長基間就呈現這種交織的責任關係，而如果以臺灣地
區法律定性，應認為祥順和公司就向大統長基所購買、尚未
銷售之油品，以及遭受退貨的商品所產生之損害，為履行利
益之損害，該部分應當為契約關係之法律適用問題，應適用
兩岸人民關係條例第48條第1項：「債之契約依訂約地之規
定。但當事人另有約定者，從其約定。」之規定。而就商譽
受侵害部分，則應定性為祥順和公司之固有利益損害，屬於
侵權責任領域中之商品責任問題。惟是否應適用兩岸人民關
係條例第50條：「侵權行為依損害發生地之規定。但臺灣
地區之法律不認其為侵權行為者，不適用之。」之規定，不

　　無疑問。本文認為，依據國際公約之發展、外國立法例之經驗以及國內立法模式看來，商品責任問題往往係以另外獨立於一般侵權行為之立法類型規範其法律適用的方式，例如涉外民法第25條雖然有侵權行為一般法律適用之規範，但同法第26條又將涉外商品侵權之問題另外獨立規範其法律適用之標準。因此就兩岸商品責任之法律適用，或許應該認為屬於法律規範欠缺之問題，而適用兩岸人民關係條例第41條第1項：「臺灣地區人民與大陸地區人民間之民事事件，除本條例另有規定外，適用臺灣地區之法律。」之規定。

(二)商品自傷（product injuries itself）之定性問題：本案另一值得注意的問題，為商品自傷應如何定性與適用法律。所謂商品自傷，係指商品因欠缺安全性，導致商品本身價值減少或毀損滅失者。例如汽車因設計缺失而暴衝撞擊路旁電線桿，以致車頭全毀，此時汽車車頭的毀損即為商品自傷。本案大統長基公司以攙偽、假冒之方式販售不純油品，並在所販售之油品中添加有害人體健康之棉籽油、銅葉綠素等原料，油品因此變成毫無價值（損害）[22]。這種商品本身價值減損，是否亦為商品責任中所應該防止的損害？在學說上不無爭議。在臺灣法上，學說大致上採否定見解[23]，亦即認為商品

---

[22] 被告律師主張這種情形屬於商品自傷，係純粹經濟上之損失，而不屬於侵權責任之問題。

[23] 詹森林，純粹經濟損失與消保法之商品責任—最高法院九十七年台上字第二三四八號判決之研究，法令月刊，第60卷第7期，2009年4月，頁47-64；陳忠五，論消費者保護法商品責任的保護法益範圍，台灣法學雜誌，第134期，2009年8月，頁77-96；吳從周，台灣商品責任之實體與程序主要爭議現況—特別聚焦檢討舉證責任分配之實務案例，月旦法學雜誌，第214期，2013年3月，頁69-97。

自傷問題應屬於契約責任問題，而非侵權責任之領域。因此，即便認定原告所主張者為產品自傷之損害賠償之請求，亦應將之定性為契約責任問題，而適用上開兩岸人民關係條例第48條第1項規定，即以訂約地法為該部分法律關係之準據法。

(三) 兩岸商品責任法律適用之規範欠缺：承上所述，本文認為就兩岸商品責任之法律適用屬於法律規範欠缺之問題，因此關於原告祥順和公司主張商譽受侵害之損害賠償請求部分，根據兩岸人民關係條例第41條第1項之規定，應適用臺灣地區之法律。而此處「臺灣地區之法律」應解釋包括臺灣地區之衝突法在內，因此應回歸涉外民法第26條規定，原則上應以**商品製造人之本國法，亦即臺灣地區之實體法**作為商品責任（侵害商譽）案件之**準據法**。而本案商品製造人大統長基**事前同意或可預見**其油品將在大陸地區銷售，大陸地區同時亦為損害發生地、被害人買受該商品地以及被害人之本國。因此**如果被害人祥順和公司主張選定大陸地區法律**為應適用之法律時，臺灣法院即應適用大陸地區之法律，作為系爭案件商譽損害賠償請求之準據法。

(四) 商譽受損之證明問題：成問題者，臺灣高等法院臺中分院認為祥順和公司如要主張商譽受侵害之損害賠償請求，其仍須就其與大統長基公司交易油品買賣法律行為，大統長基公司究如何不法侵害其商譽，致受有商譽損害等事實負舉證責任。惟商譽者，並非臺灣地區民法第184條第1項前段所稱之權利，其內容與性質應屬於營業上之利益，與生命、身體、

健康、自由、所有權等權利尚有不同[24]。被告大統長基公司以問題油品販賣予原告祥順和公司，觀其行為方式及所採手段，應該為臺灣地區民法第184條第1項後段「故意以背於善良風俗之方法，加損害於他人」之侵權行為類型，亦屬於同條第2項「違反保護他人之法律，致生損害於他人者，負賠償責任。但能證明其行為無過失者，不在此限」之情形。

再以臺灣地區民法第191條之1第1項規定：「商品製造人因其商品之通常使用或消費所致他人之損害，負賠償責任。但其對於商品之生產、製造或加工、設計並無欠缺或其損害非因該項欠缺所致或於防止損害之發生，已盡相當之注意者，不在此限。」以及消費者保護法第7條對於商品製造人採取無過失責任，僅於商品製造人能證明其無過失者，法院始得減輕其賠償責任等法規觀之，似應認為**只要原告祥順和公司能證明商譽損害存在，其他減輕商品責任之有利事實應當由大統長基公司負擔舉證責任，始符擴大商品製造人責任範圍之立法意旨**。就此部分而言，即便是適用大陸地區之侵權責任法、消費者權益保護法等相關規定，似亦應做相同之解釋。

因此有關大統長基公司不法侵害祥順和公司之商譽問題，依上開法律規定，只要祥順和公司能證明商譽的損害確實存在[25]，

---

[24] 參考陳忠五，契約責任與侵權責任的保護客體—「權利」與「利益」區別正當性的再反省，新學林，2008年，頁94以下。

[25] 本案臺灣高等法院臺中分院認為原告並未證明商譽損害確實存在，因此駁回原告損害賠償之請求。惟查原告在一審訴訟中已強調：「原告雖為系爭商品之通路商而非生產商，然較之於被告，原告反而更接近消費者，且消費者通常亦會信賴通路商已對所販售產品之品質為把關，因而選購通路商販售之產品，故被告辯稱消費者只重視商品本身云云，殊嫌速斷。」「商譽的部分，原告除了油

即已盡舉證之責任，其他關於大統長基公司之製造行為是否無過失，似應由侵權人大統長基公司舉證，以減輕其侵權責任，最後，再由法院來定侵權人大統長基公司應負擔損害賠償金額之具體範圍[26]。

　　進一步言，於大統長基公司對祥順和公司造成商譽之損害事實及損害賠償成立要件之法律適用確定後，即便**被害人祥順和公司並未主張選定大陸地區法律**為應適用之法律，臺灣法院仍不妨在必要時，為求平衡當事人間個案正義，以及尊重禮讓大陸地區

品之外還有其他臺灣的商品，原告的經銷點對於原告販售的產品都有疑慮，對於原告的商譽損失非常大。有關商譽受損部分是一直在產生的，被告要原告提出102年10月大統油品事件發生之後，原告公司在中國大陸之公司任何產品銷售額統計減少之報表，原告認為不是這一兩個月而已，原告其他的產品也受到影響，原告認為應該用年營業額來計算。」「原告販售大統的油品，跟原告在大陸的其他臺灣商品一樣，都是原包裝去販售，民眾是衝著原告的通路點去購買的，所以損害的當然是原告的商譽，代理商的部分也會造成一定的損害。」何以二審法院對此未予參酌，而認為原告未證明商譽之損害存在，令人不解。

[26] 參考最高法院90年度台上字第2109號民事判決意旨：「按當事人已證明受有損害而不能證明其數額，或證明顯有重大困難者，法院應審酌一切情況，依所得心證定其數額，民事訴訟法第222條第2項定有明文。查上訴人承攬大華公司之大華理想家工地房屋地板鋪設工程，因而向裕邦公司購買系爭磁磚，因部分系爭磁磚發生變色瑕疵，承購戶已向大華公司索賠，而大華公司則轉向上訴人索賠，有勘驗筆錄、鑑定報告及證人林克明之證言可稽，損害既已發生，承購戶或大華公司又未放棄求償，殊不能以上訴人迄未對大華公司為賠償，遽認上訴人未受有損害，縱不能證明損害之數額，原審本應斟酌損害之原因及其他一切情況，依所得心證定其數額，乃竟捨此不由，率以上訴人不能證明其所受實際損害為何，即駁回其請求，不免速斷。次按侵害法人之名譽，為對其社會上評價之侵害。又侵害法人之信用，為對其經濟上評價之侵害，是名譽權廣義言之，應包括信用權在內，故對法人商譽之侵害，倘足以毀損其名譽及營業信用，僅登報道歉是否即足以回復其商譽，尚滋疑問。原審未遑詳加推求，僅以上訴人為法人，無精神上痛苦可言，即謂其不得請求被上訴人給付非財產上之損害，亦難謂洽。」

之立法政策前提下，考慮適用分割爭點方法，以大陸地區之法律定原告應負損害賠償之範圍。

伍、結 論

在衝突法則的立法設計上，兩岸對於產品責任之準據法應如何選擇，有不同之看法。臺灣地區採用商品製造人之本國法作為法律適用原則，而大陸地區則以被侵權人（被害人）經常居所地法作為法律適用原則。然而，兩岸在產品責任案件的法律適用例外方面，卻都給予被侵權人（被害人）選擇準據法的權利，顯見兩岸在商品責任問題的共同趨勢，為傾向於擴大對商品被侵權人（被害人）之保護，盡量使其求償可能的政策方向。

商品責任的法律適用問題，往往與商品製造地、營業地或是損害發生地較有關聯性。然而必須指出的是，在全球化產業分工與市場整合的現狀下，試圖從地域的標準找出法律適用的關聯性，往往有所困難。一個iPhone手機，可能在美國設計、中國製造、臺灣代工、日本經銷，然後透過網路被韓國的買家收購，在這種情形下，如何判斷系爭案件事實與某國法律具有相當的連繫，以達到合理適用法律分配當事人間權利義務關係的結果，實非易事。

如學者所說：「地域性主義只能給予表面上直覺的合理性，要達成當事人間真正的公平正義還是須對實體上之政策加以

分析[27]。」本文認為，在兩岸咸認應擴大保障因商品瑕疵而受損害之被侵權人（被害人）之請求的立法**趨勢**下，在商品製造人（生產者、製造商）有可能預見其商品流通到他國市場的前提下，盡量開放法律適用的選擇權利給予被侵權人（被害人），應當作為兩岸商品責任案件在法律適用上的共同原則。另一方面，考慮到促進保護產品被害人權益政策的實現，在損害賠償的範圍問題上，可適當地擴大法院在法律適用方式上的裁量權範圍，避免判決造成武斷或基本上不公的後果，換言之，分割爭點的法律適用方式，在兩岸商品責任的案件中應該也有適用的餘地[28]。

---

[27]　參可陳隆修，同前註17，頁14以下。

[28]　相同見解，冉昊，論國際產品責任案件準據法的確定—兼論法律適用的基礎，法令月刊，第55卷第7期，2004年7月，頁65-70。

參考資料

王竹，「趨同進化」、「雜交育種」與「基因遺傳」—中國大陸產品
　　責任制度的三大階段，月旦民商法雜誌，第53期，2016年9月。

伍偉華，台灣涉陸確認婚姻無效訴訟之區際衝突法，收錄於賴來焜
　　編，2007年兩岸國際私法研討會論文集，元照，2008年。

吳從周，台灣商品責任之實體與程序主要爭議現況—特別聚焦檢討
　　舉證責任分配之實務案例，月旦法學雜誌，第214期，2013年3
　　月。

林恩瑋，國際私法理論與案例研究（1），五南，2013年。

林恩瑋，國際私法理論與案例研究（2），五南，2017年。

邱聰智，消費者保護法上商品責任之探討，消費者保護研究，第2
　　輯，1996年1月。

孫森焱，民法債編總論（上），自刊，2006年9月。

張新寶，中國大陸「消保法」中的懲罰性賠償，月旦民商法雜誌，第
　　45期，2014年9月。

陳忠五，論消費者保護法商品責任的保護法益範圍，台灣法學雜誌，
　　第134期，2009年8月。

陳忠五，契約責任與侵權責任的保護客體—「權利」與「利益」區別
　　正當性的再反省，新學林，2008年。

陳隆修，中國思想下的全球化選法規則，五南，2012年。

黃茂榮，大陸侵權責任法概說（下），植根雜誌，第28卷第2期。

黃進，區際衝突法，永然，1996年。

楊立新，論不真正連帶責任類型體系及規則，當代法學，第3期，
　　2012年5月。

詹森林，純粹經濟損失與消保法之商品責任—最高法院九十七年台上
　　字第二三四八號判決之研究，法令月刊，第60卷第7期，2009年
　　4月。

家圖書館出版品預行編目資料

國際私法理論與案例研究（三）／林恩瑋
著. -- 初版. -- 臺北市：五南圖書出
版股份有限公司, 2022.01
面；　公分
SBN 978-626-317-498-6（平裝）

1.國際私法　2.個案研究

79.91　　　　　　　　　110021639

1RC5

國際私法理論與案例研究（三）

作　　　者 ― 林恩瑋（122.3）

發 行 人 ― 楊榮川

總 經 理 ― 楊士清

總 編 輯 ― 楊秀麗

副總編輯 ― 劉靜芬

責任編輯 ― 呂伊真、李孝怡

封面設計 ― 王麗娟

出 版 者 ― 五南圖書出版股份有限公司

地　　　址：106台北市大安區和平東路二段339號4樓

電　　　話：(02)2705-5066　　傳　　　真：(02)2706-6100

網　　　址：https://www.wunan.com.tw

電子郵件：wunan@wunan.com.tw

劃撥帳號：01068953

戶　　　名：五南圖書出版股份有限公司

法律顧問　林勝安律師事務所　林勝安律師

出版日期　2022年1月初版一刷

定　　　價　新臺幣350元

經典永恆・名著常在

五十週年的獻禮——經典名著文庫

五南，五十年了，半個世紀，人生旅程的一大半，走過來了。

思索著，邁向百年的未來歷程，能為知識界、文化學術界作些什麼？

在速食文化的生態下，有什麼值得讓人雋永品味的？

歷代經典・當今名著，經過時間的洗禮，千錘百鍊，流傳至今，光芒耀人；

不僅使我們能領悟前人的智慧，同時也增深加廣我們思考的深度與視野。

我們決心投入巨資，有計畫的系統梳選，成立「經典名著文庫」，

希望收入古今中外思想性的、充滿睿智與獨見的經典、名著。

這是一項理想性的、永續性的巨大出版工程。

不在意讀者的眾寡，只考慮它的學術價值，力求完整展現先哲思想的軌跡；

為知識界開啟一片智慧之窗，營造一座百花綻放的世界文明公園，

任君遨遊、取菁吸蜜、嘉惠學子！